Ofélia

Der Geschmack Brasiliens

EINFÜHRUNG

Josimar Melo

FOTOGRAFIEN

Sergio Pagano

DESIGN

Victor Burton

KÖNEMANN

Originalausgabe © 1996
DBA® Dórea Books and Art,
Al. Franca, 1185
01422–010 São Paulo SP
Brasilien

Herausgeber
**Alexandre Dórea Ribeiro
Walter Weiszflog**

Gesamtkonzeption
**Maiá Mendonça
Adriana Amback**

Redaktion
Adriana Amback

Design-Assistenz
Miriam Lerner

Rezepttexte
**Ariana Amback
Cecília Salomão**

Fachberatung
Cecília Salomão

Food-Styling
Paula Zaroni

Art Direction Fotos
Sergio Pagano

Fotos
Sergio Pagano

Foto-Assistenz
Dempsey Gaspar

Schlußkorrektur
Plural Assessoria

Grafische Gestaltung
**Victor Burton Design
Estúdio DBA**

Fotolithos
**Mergulhar Serviços
Editoriais**

© 2000 für die deutsche Ausgabe:
Könemann Verlagsgesellschaft mbH
Bonner Str. 126, D-50968 Köln

Übersetzung aus dem Portugiesischen
Maike Wiebel für
content publishing, München

Lektorat
Jens Bommel

Satz und Redaktion der deutschen Ausgabe
content publishing, München

Projektkoordination
Ulrich Ritter

Herstellung
Ursula Schümer

Druck und Bindung
Stige Spa, Turin

Printed in Italy

ISBN 3-8290-4064-4

10 9 8 7 6 5 4 3 2 1

Alle Rechte vorbehalten.

DANKSAGUNG

Aleotti
Ao Mofo Elegante
Arte Nativa Aplicada
Arunã
Casa Nobre
Chinon
Designers
Doroti Riotto
Empório Santa Maria
Estação Saudade
Euroville Antíqüa
Four Winds
Jorge Pessotti
Ladelli
Macau
Sèvres
Stella Ferraz
Taki Ó
Tri Art
Vila Rica Artesanato
Willian & Gilbert

Für meine Tochter Beth, meinen Schwiegersohn Antônio Jorge und meine Enkel Juliana und Rodrigo, in Liebe

Inhalt

Als Einstieg

Häppchen und Salziges
Acarajé 18
Casquinha de siri 20
Pastel de forno 22
Empadinha de camarão 22
Pão de peixe 24
Polvo petisqueira 24

Heisse Süppchen
Sopa de abóbora 26
Sopa de agrião 26
Sopa de mandioquinha 28
Sopa de feijão com legumes 28
Caldo de carne 28
Sopa picante de camarão 30

Reis, Farben und Gewürze
Arroz com castanha de caju 32
Arroz com coco 32
Arroz de Braga 34
Arroz-de-cuxá 36
Arroz-de-carreteiro 36
Risoto de frutos do mar 38

Fischgerichte

Die Schätze des Meeres
Azul-marinho 42
Bacalhau com coco e mamão verde 44
Bobó de milho verde 46
Camarão na moranga 48
Dourado na folha de bananeira 50
Moqueca de lagosta 52
Moqueca de peixe 54
Torta capixaba 56
Vatapá 58
Zorô 60

Fleischgerichte

Von Norden nach Süden: Fleischgenüsse
Baião-de-dois 64
Barreado 66
Carne-seca com quibebe 68
Chambari 70
Cozido à brasileira 72
Cupim gaúcho 74
Feijoada 76
Frango ao catupiri 78
Leitoa à pururuca com purê de batata doce 80
Xinxim de galinha 82

Als Beilage
Cuscuz de carne-seca 84
Rocambole de mandioquinha 86
Suflê de abóbora 88
Suflê de palmito 88
Suflê de chuchu 88

Doces e Bocinhos

Desserts und Süßspeisen

Ein Süsses Finale
Baba-de-moça 92
Manjar-branco 94
Ovos moles com coco 96
Marrom glacê de batata-doce 98
Papo-de-anjo 100
Pudim de mamão 102
Bolo de mandioca 102
Quindim 104
Torta de castanha-do-pará 106

Unwiderstehliche Leckereien
Bem-casado 108
Bom-bocado 108
Mãe-benta de queijo 110
Beijinho de coco 110
Pé-de-moleque 112

Typisch Brasilianische Süßspeisen und Kompotte
Compota de figo verde 114
Doce de carambola 116
Doce de leite da vovó 118
Doce de abóbora com coco 118
Doce de laranja 120
Doce de mamão 122

Pães e biscoitos

Brote und Gebäck

Typische Brote
Pãozinho de milho 126
Broa de fubá 126
Pão de banana 128
Pãozinho de cará 130
Pão recheado com queijo 130

Gebäck nach Grossmutters Art
Biscoito de aveia 132
Sequilho de araruta 132
Bolachinha de Santo Antônio 132
Biscoito de nata 133
Rosquinha de São João 134

Ja, auch in Brasilien erhält man

italienischen Arborio-Reis, frische französische Foie-Gras, weiße Trüffel, arabisches Couscous, importierte Käsesorten aller Art ... scheinbar mangelt es Gourmets an nichts. Die erlesensten Zutaten der internationalen Küche kann man in den unzähligen Feinkostläden der großen brasilianischen Städte erwerben.

Aber ... wo gibt es heute noch den Caldo de Tucupi (Maniokoße)? Manteiga de Garrafa (Flüssigbutter)? Crocante de Biju (Krokantmischung)? Farinha d'água (Maniokmehl aus vergorener Maniokmasse)? Pequi (brasilianisches Gemüse)?

Es klingt absurd, aber in Städten wie São Paulo sind die Zutaten der regionalen Küche Brasiliens schwieriger aufzutreiben als eine Packung importierter Reisnudeln aus Japan. Und doch bin ich sicher, daß die hervorragende Kochkunst des Landes weniger auf die – durchaus köstlichen – exotischen Speisen entfernter Länder zurückzuführen ist, als vielmehr auf die traditionellen Zutaten der eigenen Küche – die sehr viel zu bieten hat, aber leider hier in Brasilien immer mehr in Vergessenheit gerät. So sehr ein guter Küchenchef die Techniken der hohen internationalen Kochkunst auch beherrschen mag, wird er es meiner Meinung nach in der kulinarischen Kreativität nicht sonderlich weit bringen, wenn er die Grundlagen der Ernährung, die unser gastronomisches Kulturerbe darstellen, nicht kennt und beherrscht.

Ich will nicht chauvinistisch und voreingenommen wirken. In jeder Kunstrichtung, so auch in der Kochkunst, sind Einflüsse anderer Kulturen grundsätzlich bereichernd. Schließlich profitieren wir auch vom Zugang zu Produkten insbesondere jener Länder, die die hohe Schule der Kochkunst vertreten und an denen sich Amateur- und Profiköche, aber auch Gourmets und Genießer schon immer orientierten.

Es geht mir nicht darum, die Köstlichkeiten anderer Länder zu schmälern. Vielmehr möchte ich auf unseren bedeutenden Beitrag zu diesem riesigen Schmelztiegel der Genüsse aufmerksam machen – denn wenn wir die eigenen Errungenschaften selbst nicht achten, wird es auch kein anderer tun. Sie werden dann verlorengehen.

Die brasilianische Kochkunst ist nicht einfach zu erlernen; die sogenannte regionale Küche beschränkt sich nicht auf die Speisen, die täglich auf den Tellern in den verschiedenen Regionen unseres Landes zu finden sind. Die Geschichte unserer kulturellen Einflüsse, unserer kulinarischen Gewohnheiten, kommt in jeder Region ganz unterschiedlich zum Ausdruck, und oft ist sie in ihrer ausgeprägtesten Form erst zu besonderen Anlässen präsent, bei Festen und Feierlichkeiten, die viele Menschen an einem Tisch vereinen. Sie wird beeinflußt von den unterschiedlichen regionalen Traditionen, die es zu bewahren gilt.

Die wohl traditionsreichste Küche, die auf brasilianische Wurzeln zurückgeht, stammt aus dem Norden des Landes. Im Amazonasgebiet kommen einheimische Zutaten in fast unverarbeitetem Zustand auf den Teller – Maniok und seine Nebenprodukte, Süßwasserfische, wild wachsendes Obst und Gemüse. Im Bundesstaat Bahia erzählen die Gerichte von der Zeit der Sklaverei und der Kolonialherrschaft. Die Speisen dieser Region, denen zahlreiche Zutaten und Gewürze afrikanischen Ursprungs Geschmack und Farbenpracht verleihen, bleiben demjenigen, der sie zum ersten Mal kostet, in Erinnerung – insbesondere aufgrund ihrer Würze.

Im Bundesstaat Minas Gerais reicht man Speisen, die durch portugiesische Einflüsse und durch die Präsenz der Sklaven zur Zeit des Bergbaus geprägt wurden. Das Ergebnis ist eine rustikale, aber auch abwechslungsreiche und kreative Küche, die von Andu-Erbsen, über Mais, Tutu (Bohnenbrei), Huhn mit Portulak, bis hin zum wunderbaren Torresmo (Grieben) reicht.

Der Süden des Landes vertritt, gemeinsam mit seinen angrenzenden Nachbarländern, das Churrasco (gegrillter Spießbraten), das Markenzeichen der Gauchos in den Pampas. Im Zentrum Brasiliens zieren Süßwasserfische die Teller, gemeinsam mit dem Fleisch mehr oder weniger illegal gejagter Tiere. Der Nordosten zeichnet sich durch die Küche der Caipiras (Bauern) und die vielseitige Verwendung von Meeresfrüchten aus. Jede Region Brasiliens bietet ihre eigenen kulinarischen Besonderheiten – die jedoch fast alle in Vergessenheit geraten sind, insbesondere in den großen Metropolen, in denen es oft einfacher ist, eine chinesische Haifischflossensuppe zu finden, als eine brasilianische Piranha-Suppe.

Die Veröffentlichung eines Buches mit brasilianischen Rezepten ist ein Anlaß zur Freude für alle, die um die Wurzeln der Landesküche bangen – um so mehr, als die Rezepte von Ofélia Ramos Anunciato stammen. Ofélia hat immer eine zentrale Rolle dabei gespielt, die typischen Rezepte Brasiliens bekannt zu machen. Und im Zusammenhang mit den elektronischen Medien spielte sie nicht nur in Brasilien – wo sie seit 40 Jahren eine Fernsehsendung moderiert – eine Vorreiterrolle; sie gehört weltweit zu den ersten und mit Sicherheit zu den am längsten präsenten Fernsehköchen. Die Fernseherfolge katapultierten Ofélias Bücher schnell in die Bestsellerlisten des Landes.

Ofélia macht ihre Kochsendung zu einer Tribüne, auf der die typischen Rezepte Brasiliens verkündet werden, von einfachsten Gerichten bis hin zu Rezepten, die die Verschmelzung der Kulturen Brasiliens widerspiegeln. Nun findet ihre Beliebtheit bei Zuschauern und Lesern Eingang in diese Veröffentlichung von Rezepten, die gleichzeitig Teil unserer Geschichte sind.

Josimar Melo

Ofélia Ramos Anunciato

Liebe Freunde und Freundinnen

Dieses Jahr feiere ich mein 39. Berufsjubiläum – 39 Jahre »A cozinha maravilhosa de Ofélia« (Die wunderbare Küche von Ofélia), verbunden mit unzähligen Geschichten und Erinnerungen! Manchmal ertappe ich mich, wie ich in Erinnerungen schwelge, die Zeit zurückdrehe ... Wann hat alles begonnen? Von Kind an interessierte mich die Küche. Ich erinnere mich an die Farm meiner Großmutter Maria in Garça. Täglich stand sie früh auf, um den Gemüsegärtner anzuweisen. Ich war vielleicht sechs oder sieben Jahre alt, schlich ganz leise hinter ihr her und versteckte mich hinter den Wirsingköpfen. Trotz aller Vorsichtsmaßnahmen erwischte sie mich eines Tages und fragte: »Warum bist Du mir gefolgt?« Ich sagte: »Weil ich wissen möchte, was es heute zu essen gibt«. Meine Großmutter vergaß diese Geschichte nie. Von Kind an war ich umgeben von Marias. Sie brachten mir das Kochen bei: Maria Teixeira Ramos, meine Großmutter väterlicherseits; Maria Marques, meine Großmutter mütterlicherseits; und Maria Marques Ramos, meine Mutter. Von meiner Großmutter Maria Teixeira Ramos lernte ich das Brotbacken. Jeden zweiten Tag buk sie Brote auf der Farm in Garça; während der Ofen auskühlte, buk sie darin Kekse. Dann waren da noch ihr hausgemachter Käse und die Früchte aus dem Obstgarten, aus denen sie wunderbare Kompotte und Süßspeisen zauberte. Meine Mutter und meine andere Großmutter Maria lebten in Mococa, an der Grenze zwischen den Bundesstaaten São Paulo und Minas Gerais. Die ganze Familie liebte Großmutters Steaks. Sie briet sie in einer großen Pfanne an, gab sie dann in eine zweite Pfanne. Die Sauce bereitete sie in der ersten Pfanne zu und legte die Steaks wieder hinein. Sie schmeckten himmlisch, mit viel Zwiebelsauce. Ich erlernte als einzige ihre Kochgeheimnisse, weil ich ihr so oft beim Kochen zusah. Später baten mich meine Tanten oft: »Ofélia, brate doch bitte Mutters Steaks für uns!«

Ich hatte eine sehr schöne Kindheit. Meine Neugier war maßlos. Ständig hing ich am Rockzipfel der Marias, beobachtete alles und lernte. Für mich ist Maria ein göttlicher Name, der wichtigste Name der Welt. Meine erste eigene Erfahrung in der Küche war gleichzeitig mein erster Kinderstreich. Ich glaube, ich war acht Jahre alt. Meine Eltern waren einkaufen, und ich beschloß, drei Dutzend Apfelbananen, die auf dem Tisch lagen, zu braten. Ich schnitt die Bananen in Scheiben (fast 70 Stück!) und briet sie in Olivenöl. Als meine Eltern zurückkamen, war die Küche voller Rauch. Ich wurde natürlich zurechtgewiesen. Da Vater der Meinung war, daß es Verschwendung wäre, die Bananen einfach fortzuwerfen, befahl er mir, einen großen Teller davon zu essen. Ich füllte meinen Teller, aß fast alles auf, und fand das noch lustig.

Die Zeit verging; schon bald wohnte ich in Santos, war verheiratet und hatte eine kleine Tochter, Beth. Ich kochte sehr gerne – häufig neue Gerichte für meine Familie. Hin und wieder lud ich Freunde ein, die die Leckereien probierten. Der Tisch ist der perfekte Ort, um Familie und Freunde zu vereinen. Für mich war die Küche immer eine Art Heimlabor und Kochen bedeutete große Verantwortung.

Eines Tages bot man mir an, für die Zeitung *Tribuna de Santos* zu arbeiten. Täglich sollte eine Spalte mit Kochrezepten erscheinen. Der Großvater meines Mannes, der dort arbeitete, hatte mich vorgeschlagen. Ich fühlte mich geehrt, sagte zu und mußte in Windeseile das Maschineschreiben lernen. Kurz darauf bat man mich, beim Lokalsender *Rádio Clube* an einer einstündigen Sendung zu Frauenproblemen, Mode, Kosmetik und – natürlich – Kochen mitzuwirken.

Eines Tages traf Herr Rebelo Jr., einer der Intendanten des Fernsehsenders *Victor Costa*, eine meiner Freundinnen auf einer Party und fragte sie:

- Diese Frau, die die Rezepte in der Zeitung schreibt, kocht sie auch selbst?
- Und wie! – antwortete meine Freundin. – Ich bin öfters bei ihr, um ihre Gnocchi zu essen.
- Könnten Sie sie mir vorstellen?
- Wozu?
- Weil ich wissen will, ob sie eine Fernsehsendung machen möchte.

Als meine Freundin mir diese Unterhaltung schilderte, lehnte ich natürlich ab:

- Nein, vielen Dank, das kann ich nicht.
- Aber Du kannst doch kochen, und Du schreibst gut …
- Ja, aber ich will nicht ins Fernsehen – antwortete ich.

Rebelo Jr. gab nicht auf, und mein Mann wurde sein engster Verbündeter. Am nächsten Tag erhielt ich die Nachricht, Rebelo anzurufen. Mein Mann rief ihn an.

- Überreden Sie Ofélia, bat Rebelo.

Aus einer Ecke des Zimmers machte ich ihm Zeichen, auf keinen Fall zuzusagen.

- Kein Problem, sie kommt! Wann soll sie da sein?
- Übermorgen machen wir die Probeaufnahmen.

So begann 1957 meine TV-Karriere. Das für die ersten Aufnahmen gewählte Gericht war Tênder à Califórnia (Schinken auf kalifornische Art), da Rebelo zwei große Schinken bekommen hatte, und nicht wußte, was er damit tun sollte – es gab noch keine Tiefkühltruhen. Alles lief gut, ich war ruhig, weil ich keine Zuschauer hatte. Nach den Aufnahmen gab mir Rebelo einen Rat, den ich nie vergesse: »Sehen Sie das kleine rote Licht? Das ist Ihr Publikum, orientieren Sie sich an dem Licht – das sind ihre Freundinnen, die auf der anderen Seite sitzen und zuschauen«.

Dann kam die Erstausstrahlung im voll besetzten Auditorium von *Rádio Clube*. Ich war nicht einmal beim Friseur. Man betupfte mich nur mit ein wenig Puder, um Schatten zu vermeiden, da Fernsehen noch in schwarzweiß ausgestrahlt wurde. Heute werde ich von einer ganzen Produktion begleitet. Das Programm ging auf Sendung; ich kochte erneut Tênder à Califórnia, schaute immer in Richtung des kleinen roten Lichts, und Rebelo Jr. bedeutete mir mit dem Kopf, daß alles gut lief. Meine Nervosität verbarg ich meisterhaft hinter einem ruhigen Gesicht. Nach der Sendung donnerte tosender Applaus. Ich gab viele Autogramme. Und was den Schinken betrifft … nun, ich konnte nichts mit nach Hause nehmen, alle wollten probieren. Das war die Geburtsstunde der Sendung »A cozinha maravilhosa de Ofélia«, die zunächst der Sender *TV Victor Costa* ausstrahlte, täglich um eins. Sechs Monate später engagierte mich der Sender *TV Tupi* in São Paulo, für den ich zehn Jahre arbeitete.

Aus jener Zeit stammt eine besonders lustige Episode. Meine Sendung war Teil eines Frauenmagazins, das Maria Teresa Gregori moderierte. Es war zwei Tage vor Weihnachten. Ich hatte am Abend zuvor bis spät nachts Nüsse für die Truthahnfüllung geschält. Am nächsten Tag packte ich meine Sachen und fuhr nach São Paulo, um die Sendung aufzuzeichnen. Als ich dort ankam, durchfuhr mich ein Schreck – ich mag bis heute nicht daran denken! Ich hatte einen Korb in Santos vergessen, nur das Maniokmehl, einige wenige Gewürze und Trockenfrüchte dabei. An die Wand gelehnt, rutschte ich langsam nach unten. Da kam mir die Idee, den gekochten Hals des Truthahns in Scheiben zu schneiden, da er gekocht dieselbe graue Farbe hatte, wie die Nüsse.

Vor der Sendung wies ich die Kameramänner an, keine Großaufnahmen zu machen und bat Maria Teresa, keine Fragen zu stellen. Sie war aber etwas zerstreut, kam prompt zu mir (normalerweise unterhielten wir uns während der Sendung immer recht viel), zeigte auf die geschnittenen Truthahnhälse und fragte: »Was ist das?« Der Regisseur gab ihr Handzeichen, ich trat ihr auf den Fuß, sie schaute mich an und ich sagte: »Nüsse … das sind Nüsse. Aber laß uns über

die bevorstehenden Feiertage sprechen, hast Du schon alle Weihnachtsgeschenke besorgt?« Sie verstand sofort, und wir wechselten das Thema.
Seit 1967 wird »A cozinha maravilhosa de Ofélia« vom Sender *Rede Bandeirantes* ausgestrahlt, wo ich bis heute bin. Während all dieser Jahre hat sich die Kochkunst in Brasilien extrem weiterentwickelt und ich bin stolz, dazu beigetragen zu haben. Als Nestlé die Maggi-Suppen nach Brasilien brachte, bat man mich, an einem Gremium teilzunehmen, welches das schweizerische Suppenaroma unserem Geschmack anpassen sollte. Die Suppen hielten Einzug in Brasilien. Des weiteren habe ich 28 Haushaltsmessen, unzählige Ausstellungen, Kochkurse und Gastronomiefestivals organisiert. Es waren so viele Anlässe, daß ich sie gar nicht mehr zählen kann.
In über 30 Jahren »A cozinha maravilhosa de Ofélia« gab es einige Geschichten, an die ich mich besonders gerne erinnere, vor allem diejenigen, die mit meinen treuen Zuschauerinnen zusammenhängen. Einmal schrieb mir eine Frau, daß sie von allen Sendungen meine am liebsten sehe: »Ich bin Wäscherin, mein Mann ist Popcornverkäufer an einer Schule, die Kinder sind Kinder ...« – all das in winziger Schrift. Sie sah mein Programm jeden Tag und bat mich um einen Dampfkochtopf. Es war ein sehr einfacher Brief, den ich unglaublich schön fand. »Die Kinder sind Kinder«, das sollte heißen, sie arbeiteten gar nichts, denn sie waren noch klein. Ich schickte ihr den Topf.
Auch eine andere Episode hat mich sehr bewegt. Vor einiger Zeit erschien mein Rezept für Cocadas (Süßspeise aus Kokosraspel) in einer Zeitung. Viele Jahre später schrieb mir ein fünfzehnjähriges Mädchen, ich hätte ihrer Mutter geholfen, fünf Kinder großzuziehen. Ihr Vater war bei einem Unfall gestorben, ihre Mutter machte meine Cocadas, damit sie die Kinder auf der Fähre nach Guarujá verkauften. Mein Gott!

Ich habe so geweint, daß ich nicht zu Ende lesen konnte. Was für eine bewundernswerte Mutter! All ihre Kinder gingen zur Schule, haben einen Abschluß. Einige Dinge bleiben einem ewig in Erinnerung. Vor ungefähr zwei Jahren erhielt ich einen Brief von sechs Ärzten, der meine Sendung veränderte: »Liebe Ofélia, wir sehen Ihre Sendung wirklich sehr gerne. Etwas liegt uns jedoch sehr am Herzen. Warum sagen Sie nur liebe Freundinnen und nicht auch liebe Freunde?« Deshalb beginne ich meine Sendung nun seit zwei Jahren mit den Worten: »Guten Morgen, liebe Freunde und Freundinnen in ganz Brasilien«. Im Gegensatz zu vielen anderen freue ich mich sehr, wenn ich auf der Straße angesprochen werde. Sobald mich jemand in ein Gespräch verwickelt, egal ob Mann oder Frau, dauert es kaum fünf Minuten und wir unterhalten uns übers Kochen. »Ofélia, erinnern Sie sich noch, dieses Gericht, das Sie diese Woche gekocht haben. Bei mir hat das Telefon geklingelt und ich habe das Ende verpaßt«, oder »Ofélia, ich suche verzweifelt nach einem Rezept, das Sie im November vorgestellt haben, es war so ein wunderbarer Kuchen.« Ich versuche immer, weiterzuhelfen. In der Sendung sage ich nie »ich bringe Ihnen heute etwas bei«, da jeder seine eigene Art hat, zu kochen oder zu verfeinern. Ich sage daher »heute habe ich etwas Neues, ich bin gespannt, ob es Ihnen gefällt, ich finde es sehr delikat.« Es gibt zum Beispiel Leute, die kein Fleisch essen, oder keine Nudeln. Deshalb stelle ich immer ein paar Tricks vor. Wenn etwa jemand keine Zwiebeln mag, zeige ich, wie man sie ganz fein hackt oder so anbrät, daß das Gericht würzig ist und man sie trotzdem nicht herausschmeckt.
Bis heute machen mir neue Rezepte Spaß. Meine Familie – meine Tochter Beth, mein Schwiegersohn Antônio Jorge und vor allem meine geliebten Enkel Rodrigo und Juliana – sind die wichtigsten Versuchs-

kaninchen. Was haben sie nicht schon alles probiert und für gut oder auch für schlecht befunden. Ich lege viel Wert auf die Meinung von Familie und Freunden. Eine gewisse Bescheidenheit schadet nie.
Fahre ich nach Santos, empfangen mich meine Enkel stets mit kleinen Wünschen: »Oma, ich möchte Honigbrot essen«. Ich kann natürlich nicht widerstehen. Kochen ist meine Leidenschaft ... und auch das Essen. Es geht nichts über einen gefüllten Ziegenbraten und ich liebe Nudeln in allen Ausführungen. Auch bin ich ein Fan von Süßspeisen, besonders von Baisers, Soufflés und Torten mit frischen Früchten.
1976 erschien mein erstes Buch mit dem Titel »A cozinha maravilhosa de Ofélia«, seither noch viele weitere. Während meiner Reisen durch ganz Brasilien, auf denen ich Festivals organisierte und Autogrammstunden gab, sammelte ich unzählige Rezepte. Ich erinnere mich an einen Aufenthalt in Manaus, von wo aus einige meiner Sendungen ausgestrahlt wurden. Am ersten Abend fand eine Party statt, zu der Familien typische Speisen mitbrachten. Noch um drei Uhr nachts aß ich Köstlichkeiten wie Tucunaré de Capote (Fischgericht). Wie vielseitig ist doch unsere Landesküche! Ich verweise oft auf die besonderen Wurzeln, auf die wir zurückgreifen können: portugiesische, afrikanische und indianische.
Dieses Buch beinhaltet die ganze Vielfalt der Aromen, Geschmacksrichtungen und Gewürze Brasiliens. Es ist eine Sammlung meiner besten Rezepte aus unserer Landesküche. Ich hoffe, es schmeckt Ihnen.

Ofélia

August 1996

Als Einstieg

1 kg Augenbohnen
Salz
1 große Zwiebel, feingehackt
Dendê-Palmöl* oder Kokosfett zum Fritieren

Für die Füllung:
2 Chilischoten, gehackt
120 g getrocknete Garnelen
1 Zwiebel, gehackt
Salz
2 EL Dendê-Palmöl oder Kokosfett

Augenbohnen über Nacht in einer Schüssel mit Wasser einweichen. Bohnen im Mixer oder in der Küchenmaschine zerkleinern, mit Salz und Zwiebeln würzen und mit einem Holzkochlöffel glattrühren. Mit einem Eßlöffel Portionen abstechen und in sehr heißem Dendê-Palmöl fritieren. Die fertigen Acarajé-Bällchen auf einem Küchentuch abtropfen lassen.

Zubereitung der Füllung: Chilischoten, Garnelen und Zwiebeln im Mixer oder in der Küchenmaschine pürieren. Mit Salz abschmecken. Dendê-Palmöl erhitzen, die Garnelenmischung hineingeben und 5 Minuten dünsten. Die Acarajé-Bällchen in der Mitte aufschneiden und mit der Garnelenmasse füllen.

Tip: Falls Sie eine etwas mildere Füllung zubereiten möchten, nehmen Sie 120 g getrocknete und gemahlene Garnelen, 1 feingehackte Zwiebel, 2 Knoblauchzehen, schwarzen Pfeffer und Kreuzkümmel.

Ergibt: 40 Stück

Das Öl der Dendê-Palme, in Brasilien als »Azeite-de-dendê« bekannt, ist ein stark konzentriertes, zähflüssiges Öl mit rötlicher Farbe.

Acarajé
Acarajé-Bällchen

Casquinha de siri

Krebsschiffchen

500 g tiefgefrorenes Krebsfleisch

Salz, schwarzer Pfeffer

Zitronensaft

2 große Zwiebeln, feingehackt

3 Knoblauchzehen

3 Tomaten, gehäutet und kleingeschnitten

2 EL Olivenöl

1 EL Dendê-Palmöl (siehe S. 18) oder Kokosfett

1 Bund Koriander, feingehackt

Chilisoße

Muskatnuß

2 Eier, verquirlt

6 Scheiben Weißbrot, in Milch eingeweicht

12 Jakobsmuschel-Schalen

Semmelbrösel zum Bestreuen

2 EL geriebener Parmesan

6 EL Butter

Krebsfleisch auftauen und im Nudelsieb unter fließendem Wasser waschen. Fleisch gut ausdrücken, mit Salz, Pfeffer und Zitronensaft würzen. 30 Minuten ziehen lassen. Zwiebeln, Knoblauch und Tomaten in Olivenöl und Dendê-Palmöl anbraten. Krebsfleisch zugeben und mit einem Holzkochlöffel unterrühren. Koriander, Chilisoße, Muskatnuß, Eier und ausgedrückte Brotscheiben zufügen. So lange rühren, bis sich eine feste Masse bildet. Die Muschelschalen mit der Masse füllen. Mit Semmelbrösel und geriebenem Parmesan bestreuen. 1/2 TL Butter auf jedes Schiffchen geben. Muscheln im vorgeheizten Backofen bei starker Hitze (220 °C) goldgelb backen.

Hinweis: Falls Sie keine Jakobsmuscheln zur Hand haben und dieses Gericht als Vorspeise zum Mittag- oder Abendessen zubereiten möchten, backen Sie den Teig einfach in einer feuerfesten, eingefetteten Form.

Ergibt: 12 Stück

Pastel de forno
Gebackene Käsetaschen

Für die Füllung:
Leerdammer, kleingeschnitten
Salz
Oregano

Für den Teig:
350 g Weizenmehl
1 EL Backpulver
100 g Margarine (Zimmertemperatur)
Salz
125 ml »Creme de Leite«* mit Flüssigkeit oder
125 ml Sahne
60 ml Milch
1 Ei zum Bestreichen
Margarine zum Einfetten

Zubereitung der Füllung: Käsestückchen mit Salz und Oregano würzen und zur Seite stellen.
Zubereitung des Teigs: Mehl und Backpulver in eine Schüssel sieben. Margarine und Salz zufügen, mit einer Gabel verrühren, nach und nach Creme de Leite und Milch zugießen. Den Teig auf eine mit Mehl bestäubte Arbeitsfläche geben und vorsichtig zu einer Kugel kneten. Den Teig ausrollen, die Füllung darauf verteilen (ca. 1 TL pro Teigtasche) und 6 cm lange Teigtaschen formen. Damit sich diese nicht öffnen, die Teigränder mit Ei bestreichen und die Taschen mit einer Gabel zudrücken. Teigtaschen auf ein mit Margarine gefettetes Backblech legen und mit Ei bestreichen. Im vorgeheizten Ofen bei mittlerer Hitze (180 °C) backen, bis die Unterseite goldgelb ist.

Ergibt: 35 Stück

Empadinha de camarão
Garnelenpastetchen

Für den Teig:
500 g Weizenmehl
250 g Butter oder Margarine (Zimmertemperatur)
Salz
250 ml Wasser

Für die Füllung:
600 g Garnelen
2 Zwiebeln, feingehackt
4 Tomaten, kleingeschnitten
Olivenöl
Salz, schwarzer Pfeffer
2 EL Weizenmehl
Margarine zum Einfetten
1 Eigelb

Zubereitung des Teigs: Mehl in eine Schüssel geben. Eine Mulde in die Mitte drücken und Margarine, Salz und Wasser hineingeben. Die Zutaten erst mit einem Löffel rühren, dann mit den Händen zu einem glatten Teig verarbeiten.
Zubereitung der Füllung: Garnelen, Zwiebeln und Tomaten in Olivenöl 5 Minuten anschwitzen. Mit Salz und Pfeffer abschmecken. Hitze reduzieren und das Mehl zugeben, dabei rühren, bis die Füllung leicht andickt.
Pastetenförmchen (Durchmesser 6 cm) einfetten und mit Teig auskleiden. Füllung hineingeben und mit Teig bedecken. Mit etwas Eigelb bestreichen. Im vorgeheizten Backofen bei mittlerer Hitze (180 °C) goldgelb backen.

Tip: Die Pastetchen können wahlweise auch mit Palmherzen, Huhn etc. gefüllt werden.

Ergibt: 25 Stück

* »Creme de leite« ist eine in Brasilien in Dosen erhältliche Sahne, die jedoch nicht mit normaler Schlagsahne zu vergleichen ist. Sie ist dickflüssiger und hat einen intensiveren Geschmack. Die Flüssigkeit, die sich in der Dose absetzt, wird zwar häufig abgegossen, in diesem Rezept soll sie aber ausdrücklich mitverwendet werden.

Pão de peixe
Fischbrot

800 g Fisch, kleingeschnitten
120 g Semmelbrösel
100 g Margarine, zerlassen
12 EL Schnittlauch, gehackt
12 EL Petersilie, gehackt
Salz, schwarzer Pfeffer
Saft von 2 Zitronen
2 TL Backpulver
Öl zum Einfetten

Alle Zutaten gut mischen. Den Teig in eine mit Öl eingefettete Kastenform (25 x 14 x 7 cm) füllen. Im vorgeheizten Backofen bei starker Hitze (220 °C) 35 Minuten backen. Abkühlen lassen und in Scheiben geschnitten servieren.

Für 8 Personen

Polvo petisqueira
Tintenfischhäppchen

2 kg Tintenfisch
Saft von 3 Zitronen
6 Knoblauchzehen, zerdrückt
125 ml Olivenöl
1 Bund Koriander, gehackt
1 EL Rotweinessig
Salz, schwarzer Pfeffer
Oregano

Tintenfisch gut putzen, mit Zitronensaft beträufeln und in ungesalzenem Wasser 30 Minuten kochen. Gut abtropfen lassen. Abkühlen lassen und in kleine Stücke schneiden. Knoblauch in Olivenöl andünsten. Tintenfische zugeben. Die Hitze reduzieren und die Hälfte des Korianders, den Essig und das Salz hineingeben. 2 Minuten kochen lassen. Mit Pfeffer und Oregano würzen. Vom Herd nehmen und den restlichen Koriander untermischen. Dazu Brot reichen.

Für 6 bis 8 Personen

Sopa de abóbora
Kürbissuppe

2 Knoblauchzehen, zerdrückt

2 Zwiebeln, gehackt

60 ml Olivenöl

1 kg reifer Kürbis, in Stücke geschnitten

2 l Fleischbrühe (siehe Rezept auf S. 28)

250 ml Milch

1 gehäufter EL Weizenmehl

Salz, schwarzer Pfeffer

1 EL Schnittlauch, gehackt

geriebener Parmesan oder Hartkäse zum Bestreuen

Knoblauch und Zwiebeln in Olivenöl andünsten. Kürbis und Fleischbrühe zugeben. Hitze reduzieren und köcheln lassen, bis der Kürbis weich ist. Alles durch ein grobes Sieb streichen. Suppe wieder auf den Herd stellen, in Milch gelöstes Mehl zugeben und mit Salz und Pfeffer würzen. Unter ständigem Rühren kochen, bis die Suppe cremig wird. Schnittlauch zugeben und aufkochen. Vom Herd nehmen. Vor dem Servieren mit geriebenem Käse bestreuen.

Für 6 Personen

Sopa de agrião
Kressesuppe

1 Bund Kresse

1 große Zwiebel, feingeschnitten

2 Knoblauchzehen

4 Kartoffeln, gekocht

250 ml Wasser

2 l Fleischbrühe (siehe Rezept auf S. 28)

Salz

1 Prise Muskatnuß

Die Kresse gut waschen. Kresse, Zwiebeln, Knoblauch, Kartoffeln und Wasser in der Küchenmaschine oder im Mixer pürieren. Das Kressepüree zusammen mit der Fleischbrühe in einem Topf erhitzen. Mit Salz und Muskatnuß abschmecken. Bei schwacher Hitze 20 Minuten kochen lassen.

Für 6 Personen

Sopa de mandioquinha
Mandioquinha-Suppe

2 Knoblauchzehen, zerdrückt
2 Zwiebeln, gehackt
1 EL Butter
2 l Fleischbrühe (siehe Rezept unten)
800 g Mandioquinha* oder Petersilienwurzeln, in Stücke geschnitten
Petersilie, gehackt, zum Bestreuen

Knoblauch und Zwiebeln in Butter andünsten. Fleischbrühe und Mandioquinha zugeben. Bei schwacher Hitze zugedeckt köcheln lassen, bis das Mandioquinha zerfällt und die Suppe andickt. Vor dem Servieren gehackte Petersilie darüber streuen.

Für 6 Personen

Sopa de feijão com legumes
Bohnensuppe mit Gemüse

300 g gekochte braune Bohnen
3 kleine Karotten, kleingehackt
150 g Steckrüben, gehackt
150 g Stangenbohnen, gehackt
12 EL gemischte Kräuter, feingehackt
2 l Fleischbrühe (siehe Rezept unten)
Salz

Sämtliche Zutaten in einem Topf erhitzen. Bei schwacher Hitze zugedeckt 20 Minuten köcheln lassen.

Für 6 Personen

Caldo de carne
Fleischbrühe

1 kg Suppenfleisch
4 l Wasser
1 große Zwiebel, in Stücke geschnitten
1 Knoblauchzehe
1 Tomate
1 gemischtes Kräutersträußchen
Salz, schwarzer Pfeffer

Sämtliche Zutaten in einem Topf erhitzen. Kochen lassen, bis die Flüssigkeit auf die Hälfte reduziert ist. Abkühlen lassen. Fleisch und Kräuter entnehmen. Brühe in der Küchenmaschine oder im Mixer pürieren.

* Mandioquinha (Arracacia Xanthorrhiza) ist ein typisch brasilianisches Gemüse. Es handelt sich dabei um eine ca. 15 cm große, weiße bis beigefarbene Wurzel, in Größe und Form vergleichbar mit einer Karotte, mit süßlichem Geschmack.

Für die Hühnerbrühe:

1 Suppenhuhn

1 l Wasser

1 Ingwerwurzel, in Scheiben geschnitten

2 EL Sojasoße

Salz

750 ml Hühnerbrühe

2 EL Sojasoße

10 Ingwerscheiben

1 Zweig Zitronenmelisse, in feine Streifen geschnitten

2 frische Champignons, in Scheiben geschnitten

6 frische Spargelspitzen

1 TL Chilisoße

6 Riesengarnelen, geschält und geputzt

Saft von 2 Zitronen

Korianderblätter zum Bestreuen

Zubereitung der Hühnerbrühe: Sämtliche Zutaten in einem Topf aufkochen. Die Hitze reduzieren und zugedeckt 1 Stunde köcheln lassen. Vom Herd nehmen und die Brühe durch ein Sieb gießen.

Die Brühe wieder in den Topf geben, Sojasoße, Ingwer, Zitronenmelisse, Pilze und Spargelspitzen zufügen und aufkochen. Chilisoße, Riesengarnelen und Zitronensaft zugeben. Bei schwacher Hitze weitere 5 Minuten kochen. Korianderblätter darüber streuen und heiß servieren.

Für 2 Personen

Sopa picante de
Pikante Garnelensuppe

camarão

Arroz com castanha de caju
Reis mit Cashew-Kernen

900 g Reis

2 Zwiebeln, feingehackt

4 Knoblauchzehen, zerdrückt

1 EL Schnittlauch, gehackt

1 EL Petersilie, gehackt

3 EL Margarine

250 g gehacktes Rindfleisch

250 g gehacktes Schweinefleisch

250 ml passierte Tomaten

Salz, schwarzer Pfeffer

100 g gekochter Schinken, kleingeschnitten

100 g Rosinen ohne Kerne

400 g Erbsen (aus der Dose)

200 g Cashew-Kerne

3 EL geriebener Parmesan

Reis wie gewohnt zubereiten. Zwiebeln, Knoblauch, Schnittlauch und Petersilie in einem zweiten Topf in Margarine andünsten. Hackfleisch und passierte Tomaten zufügen, mit Salz und Pfeffer würzen. Bei schwacher Hitze 20 Minuten zugedeckt köcheln lassen, von Zeit zu Zeit umrühren.
Sobald fast alle Flüssigkeit aus dem Reis verdampft ist, das gedünstete Hackfleisch sowie Schinken, Rosinen, Erbsen und Cashew-Kerne unterrühren. Topf zugedeckt einige Minuten ruhen lassen. Reis auf einer Servierplatte anrichten und mit geriebenem Parmesan bestreuen.

Für 12 Personen

Arroz com coco
Kokosreis

450 g Reis

500 ml kochendes Wasser

Salz

400 ml Kokosmilch*

Reis waschen und mit dem Wasser in einen Topf geben. Salz zufügen. Zugedeckt kochen, bis fast die gesamte Flüssigkeit verdampft ist. Kokosmilch zugießen und einige Minuten weiterkochen, bis der Reis eine cremige Konsistenz erhält.

Für 4 bis 5 Personen

* Bei Kokosmilch (»Leite de coco«) handelt es sich nicht um die Flüssigkeit der frischen Kokosnuß, sondern um eine aus frischen Kokosraspel gewonnene Milch mit intensivem Kokosgeschmack. Kokosmilch ist weiß und dickflüssig und ist in Brasilien in 200-ml-Flaschen erhältlich.

Arroz de Braga

Braga-Reis

1 Zwiebel, gehackt

2 Knoblauchzehen, zerdrückt

1 Prise Colorau*

250 ml Olivenöl

1 Hühnerbrust und 1 Hühnerkeule, gekocht und vom Knochen gelöst

1 Lingüiça* oder Cabanossi, in Scheiben geschnitten

200 g geräucherter Schweinerücken, in Stücke geschnitten

200 g gebratenes Fleisch, vom Knochen gelöst

Salz, schwarzer Pfeffer

700 g Reis

1 Chayote oder 200 g Kürbis, kleingeschnitten

1 Karotte, in Scheiben geschnitten

150 g grüne Bohnen, kleingeschnitten

1 kleiner Kohlkopf, in Achtel zerteilt

1 rote Peperoni, kleingehackt

1 Bund gemischte Kräuter, gehackt

Zwiebeln, Knoblauch und Colorau in Olivenöl andünsten. Hühnerfleisch, Lingüiçai, Schweinefleisch und gebratenes Fleisch zugeben. Mit Salz und Pfeffer würzen, einige Minuten dünsten. Reis zugeben und kurz mitbraten. Chayote, Karotten, Bohnen und Kohl zufügen. Soviel kochendes Wasser zugießen, daß der Reis bedeckt ist. Kochen, bis der Reis weich und feucht ist. Bei Bedarf Wasser nachgießen. Vom Feuer nehmen, Peperoni dar-über verteilen und mit Kräutern bestreuen.

Anmerkung: Aufgrund des Namens besteht vielfach der Irrglaube, Arroz de Braga (Braga = Stadt in Portugal) sei ein portugiesisches Gericht. Tatsächlich handelt es sich jedoch um ein brasilianisches Rezept, das von einem Brasilianer namens Braga, möglicherweise portugiesischer Abstammung, erfunden wurde.

Für 15 Personen

* »Colorau« ist eine rote Gewürzmischung, die als Färbemittel verwendet wird. Es enthält u.a. Safran, roten Pfeffer und Paprikapulver und färbt Lebensmittel rötlich-gelb.

* Bei der brasilianischen »Lingüiça« handelt es sich um eine rote, feste Wurst aus relativ grob gehacktem Schweinefleisch mit hohem Fettgehalt, das in Schweinedarm gefüllt wird, vergleichbar einer Cabanossi.

Arroz-de-cuxá
Cuxá-Reis

1 Bund Sauerampfer

Salz

2 Zwiebeln, gehackt

2 Tomaten, kleingeschnitten

3 Knoblauchzehen, zerdrückt

1 Bund Koriander, feingehackt

1 rote Peperoni

2 EL Schweineschmalz

1 kg getrocknete Garnelen, geschält und gemahlen

250 g geröstete Sesamsamen

120 g Tapioka (Maniokmehl)

250 g Okraschoten, in Stücke geschnitten

450 g Reis

Sauerampfer in Salzwasser kochen. Sauerampfer entnehmen und auf einem Schneidebrett mit dem Messer möglichst fein hacken. Den Sud aufbewahren.
Zwiebeln, Tomaten, Knoblauch, Koriander und Peperoni in Schweineschmalz andünsten. Garnelen und Sesam zugeben. Tapioka im Sauerampfersud lösen und nach und nach unter ständigem Rühren zufügen. Okraschoten zugeben. Zu einer glatten Masse rühren.
Reis wie gewohnt zubereiten. Auf eine Servierplatte geben und das »Cuxá« darauf verteilen.

Für 6 bis 8 Personen

Arroz-de-carreteiro
Carreteiro-Reis

2 kg Trockenfleisch, in große Stücke geschnitten

250 g durchwachsener Speck

2 große Zwiebeln, feingehackt

2 Tomaten, gehäutet, entkernt und kleingeschnitten

12 EL gemischte Kräuter, feingehackt

1 Lorbeerblatt

900 g Reis

Salz, schwarzer Pfeffer

500 g Cabanossi, klein

Trockenfleisch am Vortag in kaltem Wasser einweichen, dabei das Wasser mehrfach wechseln. Fleisch am nächsten Tag in kleine Stücke schneiden und in frischem Wasser kochen. Kochwasser anschließend weggießen.
Speck in einem Topf langsam erhitzen. Hitze erhöhen und Zwiebeln, Tomaten, Kräuter und Lorbeerblatt zugeben, einige Minuten andünsten. Das Trockenfleisch zufügen. Einige Minuten unter Rühren weiterdünsten. Bei Bedarf etwas Wasser zugießen. Bei schwacher Hitze zugedeckt kochen lassen, bis das Fleisch weich ist.
Reis zugeben und 5 Minuten unterrühren, bis er die Gewürze aufgesogen hat. Mit Salz und Pfeffer würzen. Cabanossi zufügen. Kochendes Wasser zugießen und zugedeckt ca. 30 Minuten kochen lassen.

Tip: Nach Möglichkeit den Reis in einem Ton- oder Steinguttopf zubereiten, den man auf den Tisch stellen kann. Vor dem Servieren Grieben darauf verteilen.

Für 15 Personen

Risoto de frutos

Meeresfrüchterisotto

1 kg Tintenfisch
2 kg Shrimps oder Garnelen
2 EL Margarine
2 kg Miesmuscheln, gesäubert
1 kg Calamares-Ringe
8 Tomaten, gehäutet, entkernt und kleingeschnitten
2 rote Peperoni, kleingehackt
Kreuzkümmel
Salz
1 Flasche trockener Weißwein
5 Zwiebeln, feingehackt
6 Knoblauchzehen, zerdrückt
3 EL Olivenöl
1 kg Reis (vorzugsweise parboiled)
1 l Fleischbrühe
geriebener Parmesan

Tintenfische putzen und gut waschen. 30 Minuten in Wasser kochen (ungesalzen, damit die Tintenfische nicht hart werden). Tintenfische in kleine Stücke schneiden und zur Seite stellen.

Garnelen putzen. Margarine in einem großen Topf erhitzen und Garnelen kurz darin andünsten. Miesmuscheln, Calamares-Ringe, Tomaten, Peperoni und Kreuzkümmel zugeben. Mit Salz würzen. 250 ml Weißwein zugießen und 5 Minuten kochen. Zur Seite stellen.

Zwiebeln und Knoblauch in Olivenöl andünsten. Reis zufügen und einige Minuten mitdünsten. Mit Salz würzen. Reis mit kochendem Wasser bedecken und kochen lassen, bis alles Wasser verdampft ist.

Reis und Tintenfisch zu den gedünsteten Meeresfrüchten geben. Nach und nach abwechselnd Fleischbrühe und restlichen Weißwein zugießen und unter ständigem Rühren ca. 30 Minuten kochen. Der Risotto sollte cremig und al dente sein. Vor dem Servieren mit Parmesan bestreuen.

Für 20 Personen

do mar

Peixes

Fischgerichte

Azul-marinho

Fisch mit Garnelen und grünen Bananen

2 kg Fisch, in große Stücke geschnitten

1 Bund Koriander, gehackt

1 Bund gemischte Kräuter, gehackt

4 Knoblauchzehen, zerdrückt

Saft von 4 Zitronen

Salz, schwarzer Pfeffer

4 große Zwiebeln, in Ringe geschnitten

12 Tomaten, gehäutet und in Stücke geschnitten

125 ml Olivenöl

500 ml kochendes Wasser

1 kg Garnelen, geschält und in Stücke geschnitten

Chilischoten, zerdrückt

Für den Pirão*:

25 grüne Zwergbananen

375 ml anfallender Fischfond

Tapioka (Maniokmehl)

Fischstücke in Koriander, Kräutern, 3 Knoblauchzehen, Saft von 3 Zitronen, Salz und Pfeffer 1 Stunde marinieren. Zwiebeln und 3 Tomaten in 60 ml Olivenöl andünsten. Fisch zugeben. Hitze reduzieren, kochendes Wasser zugießen und zugedeckt 15 bis 20 Minuten köcheln lassen. Den Fischfond aufbewahren.
Garnelen mit dem restlichen Knoblauch, Salz, Pfeffer und dem Saft von 1 Zitrone würzen und im verbliebenen Olivenöl anschwitzen. Übrige Tomaten zugeben und einige Minuten kochen. Chilischoten unterrühren. Zur Seite stellen.

Zubereitung des Pirão: Bananen schälen und die Fasern entfernen. Die Bananen in einen Topf legen und mit Wasser bedecken. Kurz aufkochen, vom Herd nehmen und das Wasser abgießen. Bananen mit einer Gabel zerdrücken. Fischfond zugießen und gut verrühren. Erhitzen. Tapioka unter ständigem Rühren zufügen, bis sich ein dünner Pirão bildet.
Den Fisch mit den Garnelen und dem Pirão servieren.

Für 10 Personen

* »Pirão« ist eine Art Brei aus Tapioka oder Maismehl und weiteren Zutaten, der zu verschiedenen Gerichten als Beilage gereicht wird. Er kann von der Konsistenz her fest oder auch eher dünn sein, ist aber grundsätzlich breiig und dickflüssiger als eine Soße.

500 g Stockfisch, in Stücke geschnitten

500 g möglichst grüne Papayas

1 große Zwiebel, gehackt

1 Knoblauchzehe, zerdrückt

1 Lorbeerblatt

12 EL Koriandergrün, gehackt

1 kleiner Paprika, kleingeschnitten

2 Tomaten, kleingeschnitten

1 EL Dendê-Palmöl (siehe S. 18) oder Kokosfett

2 EL Öl

200 ml Kokosmilch (siehe S. 32) aus der Flasche oder Milch einer großen Kokosnuß

250 ml Sahne oder 250 ml Creme de Leite (siehe S. 22)

Bacalhau com coco e mamão verde

Stockfisch mit Kokos und grüner Papaya

Stockfisch am Vortag in kaltem Wasser einweichen, das Wasser mehrmals wechseln.

Am darauffolgenden Tag Papayas schälen und in gleichgroße Stücke schneiden. Stockfisch in Wasser kochen, Haut und Gräten entfernen, in Streifen schneiden.

Zwiebeln, Knoblauch, Lorbeerblatt, Koriander, Paprika und Tomaten einige Minuten in Dendê-Palmöl und Öl andünsten. Stockfisch und Papayas zugeben und vorsichtig umrühren, damit der Fisch nicht zerfällt. Kokosmilch mit der Sahne verrühren und zum Stockfisch gießen. Bei schwacher Hitze 10 Minuten zugedeckt köcheln lassen. Mit Reis servieren.

Für 4 Personen

Garnelen mit grünem Mais

Bobó de

15 grüne Maiskolben
750 ml Wasser
2 Würfel Hühnerbrühe
1 kg Garnelen mit Schale
1 große Zwiebel, feingehackt
8 große Tomaten, gehäutet und kleingeschnitten
2 EL Öl
1 Bund gemischte Kräuter, feingehackt
1 Lorbeerblatt
Salz, schwarzer Pfeffer

Für den Pirão (siehe S. 42):
500 ml Milch
200 ml Kokosmilch
3 EL Reismehl
Salz

Maiskörner von den Kolben lösen. Körner im Mixer mit 250 ml Wasser pürieren und durch ein Sieb streichen. Die Menge des Pürees abmessen und die gleiche Menge Wasser zugießen. Bei schwacher Hitze unter ständigem Rühren erhitzen und die Brühwürfel zugeben. Andicken lassen und zur Seite stellen.

Garnelenköpfe und -schalen in 500 ml Salzwasser kochen. Diese Brühe durch ein Sieb gießen und zur Seite stellen. Zwiebeln und Tomaten in Öl andünsten. Garnelenbrühe, Kräuter, Lorbeerblatt und Pfeffer zugeben. Garnelen zufügen und mit Salz abschmecken. Hitze reduzieren und 15 Minuten kochen lassen. Maiscreme hineinrühren und langsam erhitzen.

Zubereitung des Pirão: Alle Zutaten in einen Topf geben und gut verrühren, bis sich ein flüssiger Pirão bildet. Zu den Garnelen reichen.

Für 12 Personen

milho verde

Shrimps im Riesenkürbis
Camarão na

1 mittelgroßer, reifer Riesenkürbis
Salz, schwarzer Pfeffer
2 Knoblauchzehen, zerdrückt
1 kg Shrimps
Saft von 2 Zitronen
1 große Zwiebel, feingehackt
2 EL Margarine
12 EL Koriandergrün, feingehackt
1 EL Speisestärke
250 ml Milch
2 EL Ketchup
250 ml passierte Tomaten
1 Catupiri-Käse* oder Emmentaler
große Garnelen zum Garnieren

Den Kürbis waschen und abbürsten, um etwaige Schmutz- oder Erdreste zu entfernen. Oberen Teil (Deckel) entfernen und aufbewahren. Kürbis von innen putzen, d. h. alle Kerne und Fasern entfernen, und mit Salz, Pfeffer und Knoblauch ausreiben.
Shrimps mit Salz und Zitronensaft würzen. Zwiebeln in Margarine andünsten. Shrimps und Koriander zufügen. Mit Pfeffer abschmecken. Bei schwacher Hitze 10 Minuten kochen lassen. Speisestärke in Milch lösen, zu den gedünsteten Shrimps geben und unter Rühren andicken lassen. Ketchup und passierte Tomaten zugeben und gut umrühren. Zur Seite stellen.
Den Kürbis umdrehen und alles Wasser abgießen, das sich darin angesammelt hat. Eine Schicht Catupiri-Käse hineingeben. Die Shrimpscreme darüber verteilen. Kürbis mit dem Deckel schließen und auf ein Backblech stellen. Im vorgeheizten Backofen bei mittlerer Hitze (180 °C) backen, bis der Kürbis weich ist. Dann aus dem Backofen nehmen und mit großen, gekochten, ungeschälten Garnelen garnieren. Dazu Reis reichen.

Für 6 bis 8 Personen

Bei Catupiri-Käse (»Queijo Catupiri«) handelt es sich um eine in Brasilien sehr gebräuchliche Art von Kochkäse.

moranga

Dourado na folha

Goldbrasse im Bananenblatt

1 Goldbrasse (2 kg), geputzt und längs vom Rücken her aufgeschnitten
Salz, schwarzer Pfeffer
2 Knoblauchzehen, zerdrückt
Saft von 1 Zitrone

Für die Farofa*:
2 Zwiebeln, feingehackt
2 Karotten, gerieben
2 Tomaten, gehäutet und kleingeschnitten
250 g Margarine
12 EL Koriandergrün, gehackt
Salz
60 g geröstete Tapioka (Maniokmehl)
500 ml Fischfond, aus den Fischgräten zubereitet
1 Blatt einer Bananenstaude
Olivenöl zum Einfetten

Fisch von unten zunähen. Aus Salz, Pfeffer, Knoblauch und Zitronensaft eine Paste zubereiten und den Fisch damit von innen und außen einreiben. 1 Stunde ziehen lassen. Die Gräten in Salzwasser kochen, Fond durch ein Sieb gießen und zur Seite stellen.

Zubereitung der Farofa: Zwiebeln, Karotten und Tomaten in Margarine andünsten. Koriander zugeben und mit Salz würzen. Tapioka und Fischfond zugeben und einige Minuten rühren.

Fisch mit einem Teil der Farofa füllen, Öffnung zunähen und 1 Stunde ruhen lassen.

Bananenblatt 1 bis 2 Minuten in den heißen Backofen legen, damit es weich wird. Blatt mit Olivenöl einfetten und den Fisch darin einrollen. Im vorgeheizten Backofen bei starker Hitze (220 °C) 1 Stunde lang braten.

Den Fisch in dicke Scheiben schneiden und mit dem Rest der Farofa servieren.

Für 6 bis 8 Personen

* Eine »Farofa« ist eine typische brasilianische Beilage. Sie besteht aus gerösteter und in Butter gebratener Tapioka, der verschiedene Zutaten beigefügt werden, z.B. Gemüse, Eier, etc. Sie wird zu vielen verschiedenen Gerichten gereicht.

de bananeira

Moqueca de lagosta

Brasilianischer Langustentopf

2 frische Langusten
Salz, schwarzer Pfeffer
Zitronensaft
2 Zwiebeln, in Ringe geschnitten
2 Knoblauchzehen, zerdrückt
5 reife Tomaten, gehäutet und entkernt
125 ml Olivenöl
1 Bund Koriander, gehackt
400 ml Kokosmilch
125 ml Dendê-Palmöl (siehe S. 18) oder Kokosfett
1 Chilischote, feingehackt

Langustenfleisch in große Stücke schneiden. Mit Salz, Pfeffer und Zitronensaft würzen. Zwiebeln, Knoblauch und Tomaten in Olivenöl andünsten. Langustenfleisch zugeben und einige Minuten mitdünsten. Koriander, Kokosmilch und Dendê-Palmöl unterrühren. Bei schwacher Hitze 20 bis 25 Minuten kochen lassen. Vor dem Servieren feingehackte Chilischote untermischen.

Für 4 Personen

4 kg Fisch (z. B. Rotbarsch)
Saft von 5 Zitronen
Salz, schwarzer Pfeffer
6 Zwiebeln, gehackt
3 Knoblauchzehen, zerdrückt
12 EL gemischte Kräuter, gehackt
2 EL Basilikum, gehackt
12 EL Koriandergrün, gehackt
3 Tomaten, gehäutet, entkernt und kleingeschnitten
1 rote Peperoni, feingehackt und zerdrückt
250 ml Dendê-Palmöl (siehe S. 18) oder Kokosfett
125 ml Olivenöl
600 ml Kokosmilch

Moqueca de peixe

Brasilianischer Fischtopf

Fisch in große Würfel schneiden. Fischstücke in Zitronensaft, Salz und Pfeffer marinieren. Zugedeckt 30 Minuten ziehen lassen.
Zwiebeln, Knoblauch, Kräuter, Basilikum, Koriander, Tomaten und Peperoni in Dendê-Palmöl und Olivenöl dünsten. Fischstücke untermischen und kurz mitdünsten. Kokosmilch zugießen. Bei schwacher Hitze 20 Minuten zugedeckt köcheln lassen. Nicht mehr umrühren, damit die Fischstücke nicht zerfallen. Dazu Kokosreis reichen (siehe Rezept auf S. 32).

Tip: Nach Belieben kann eine scharfe Soße aus in Dendê-Palmöl eingelegten Chilischoten dazu gereicht werden.

Vatapá

Afrobrasilianischer Fischeintopf

2 kg Fisch (z. B. Rotbarsch oder Knurrhahn), in Stücke geschnitten
Salz
Saft von 2 Zitronen
6 Knoblauchzehen, zerdrückt
300 g frische, mittelgroße Garnelen, geschält
250 ml Olivenöl
300 g getrocknete Garnelen, ungesalzen
3 Tomaten, gehäutet, entkernt und kleingeschnitten
200 g Cashew-Kerne
200 g Mandeln, geschält und geröstet
4 Zwiebeln, gehackt
120 g Reismehl
800 ml Kokosmilch
5 EL Dendê-Palmöl (siehe S. 18) oder Kokosfett

Fisch in Salz, Zitronensaft und 2 Knoblauchzehen marinieren, zur Seite stellen. Frische Garnelen kurz in Olivenöl anbraten, ebenfalls zur Seite stellen. Getrocknete Garnelen waschen und 5 Minuten in Wasser kochen. Vom Herd nehmen, entstandene Brühe abgießen, auffangen. Fisch 15 Minuten zusammen mit der Marinade und den Tomaten in etwas Wasser kochen, zur Seite stellen. Getrocknete Garnelen, Cashew-Kerne, Mandeln, Zwiebeln und restlichen Knoblauch im Mixer oder in der Küchenmaschine zerkleinern. Die so entstandene Paste in die Garnelenbrühe geben und bei schwacher Hitze kochen.
Reismehl in der Kokosmilch lösen und unter ständigem Rühren zugießen, bis die Flüssigkeit andickt. Dendê-Palmöl zugeben. Fischstücke (mit Fond) und frische Garnelen zufügen und weitere 5 Minuten kochen. Heiß servieren, dazu Kokosreis reichen (siehe Rezept auf S. 32).

Für 8 bis 10 Personen

Tip: Falls die getrockneten Garnelen gesalzen sind, müssen diese zuvor 3 Stunden in Wasser eingeweicht werden, wobei das Wasser mehrfach gewechselt werden sollte.

Zorô

1 kg Garnelen, ungeschält

Salz, schwarzer Pfeffer

Zitronensaft

1 Zwiebel, gehackt

3 Knoblauchzehen

4 Tomaten, kleingeschnitten

3 Zweige Koriander

1 Bund gemischte Kräuter

1 rote Peperoni, kleingehackt

125 ml Olivenöl

2 EL Dendê-Palmöl (siehe S. 18) oder Kokosfett

1 kg Okraschoten, in feine Scheiben geschnitten

Für den Pirão (siehe S. 42):

anfallender Garnelensud

Maisgrieß

Salz

Schalen und Köpfe der Garnelen in Wasser kochen, zur Seite stellen. Garnelen mit Salz, Pfeffer und Zitronensaft würzen.
Zwiebeln, Knoblauch, Tomaten, Koriander, gemischte Kräuter und Peperoni im Mixer oder in der Küchenmaschine pürieren. Püree 5 Minuten in Olivenöl und Dendê-Palmöl anschwitzen. Garnelen zufügen und weitere 2 Minuten mitdünsten. Okraschoten zugeben. Bei schwacher Hitze 10 Minuten zugedeckt kochen lassen.
Zubereitung des Pirão: Garnelensud durch ein Sieb gießen und anschließend aufkochen. Nach und nach unter ständigem Rühren den Maisgrieß zufügen. Mit Salz abschmecken. Unter ständigem Rühren kochen, bis ein dünner, aber gut verkochter Brei entsteht.

Für 6 Personen

Garneleneintopf

Carnes

Fleischgerichte

300 g Trockenfleisch, in Stücke geschnitten
500 g gepökelter Schweinerücken, in Stücke geschnitten
600 g braune Bohnen
4 Schweinsbratwürste, grobgeschnitten
4 Lingüiça (siehe S. 34) oder Cabanossi, grobgeschnitten
200 g durchwachsener Speck, kleingeschnitten
700 g Reis
4 Zwiebeln, gehackt
4 Knoblauchzehen, zerdrückt
Salz
1 Bund gemischte Kräuter, gehackt
Kreuzkümmel
125 ml Öl
250 g Queijo-de-minas* oder Mozzarella, in Stücke geschnitten
250 g Grieben

Für die Farofa (siehe S. 50):
3 Zwiebeln, gehackt
125 bis 190 g Butter
6 Zwergbananen, in Stücke geschnitten
Tapioka (Maniokmehl)
Salz, schwarzer Pfeffer

Trockenfleisch und Schweinerücken über Nacht einweichen. Bohnen verlesen und waschen. Bohnen, Trockenfleisch, Schweinerücken, Schweinsbratwurst, Lingüiça und Speck in einem Topf mit Wasser bedecken und kochen. Nach ca. 40 Minuten den Reis zugeben. Zwiebeln, Knoblauch, Salz, Kräuter und Kreuzkümmel in Öl anschwitzen, dann zum Reis und zu den Bohnen geben, gut durchmischen. 30 Minuten zugedeckt kochen lassen und bei Bedarf kochendes Wasser nachgießen. Käse zufügen.
Zubereitung der Farofa: Zwiebeln in Butter glasig dünsten. Bananen untermischen und ebenfalls kurz mitdünsten. Tapioka zugeben und einige Minuten unter Rühren andünsten. Mit Salz und Pfeffer abschmecken. Den Eintopf mit Grieben servieren.

Tip: Zur Zubereitung der Grieben frische Speckschwarte in große Stücke schneiden und im eigenen Fett knusprig braten. Mit Küchenpapier trockentupfen.

Für 12 bis 15 Personen

* »Queijo-de-minas« ist eine in Brasilien weitverbreitete Käseart. Es handelt sich um einen weißen, milden und geschmeidigen Weichkäse aus Rohmilch. Er wird in der Regel feucht, d.h. in Lake verkauft.

Baião-de-dois
Deftiger Eintopf

4 Tomaten, gehäutet, entkernt und kleingeschnitten

4 Zwiebeln, gehackt

4 Knoblauchzehen, zerdrückt

3 Lorbeerblätter

Kreuzkümmel

1 Chilischote, gehackt und zerdrückt

1 Bund gemischte Kräuter, gehackt

2 kg Rinderhüfte, in Stücke geschnitten

1 kg Rinderkeule, in Stücke geschnitten

1/2 kg Speck, in 3 cm große Würfel geschnitten

125 ml Weißweinessig

125 ml Olivenöl

Zum »Abdichten«: Tapioka (Maniokmehl) und Wasser

Tomaten, Zwiebeln, Knoblauch, Lorbeerblätter, Kreuzkümmel, Chilischote und Kräuter in einer Schüssel mischen. In einen Topf aus Ton oder Steingut eine Schicht der Hüft- und Keulenstücke legen, dann eine Schicht der Gewürzmischung und schließlich eine Schicht Speck darüber geben. Vorgang wiederholen, bis alle Zutaten aufgebraucht sind. Abschließend mit Essig und Olivenöl bedecken. Den Topf mit den Zutaten über Nacht zugedeckt ruhen lassen. Am nächsten Tag eine Paste aus Tapioka und Wasser zubereiten. Topf damit »abdichten«, d.h., die Zwischenräume zwischen Topf und Topfdeckel mit der Maniokpaste füllen, ohne Lücken freizulassen. Bei schwacher Hitze ca. 4 Stunden kochen. Falls dabei Dampf austritt, noch ein wenig von der Paste über die entsprechende Stelle streichen. Mit Reis oder Farofa servieren.

Anmerkung: Der Autor und Gourmet Antônio Houaiss behauptet steif und fest, der »Barreado« (»mit Lehm abgedichtet«) sei der Vorläufer des Dampfkochtopfs gewesen.

Für 12 bis 15 Personen

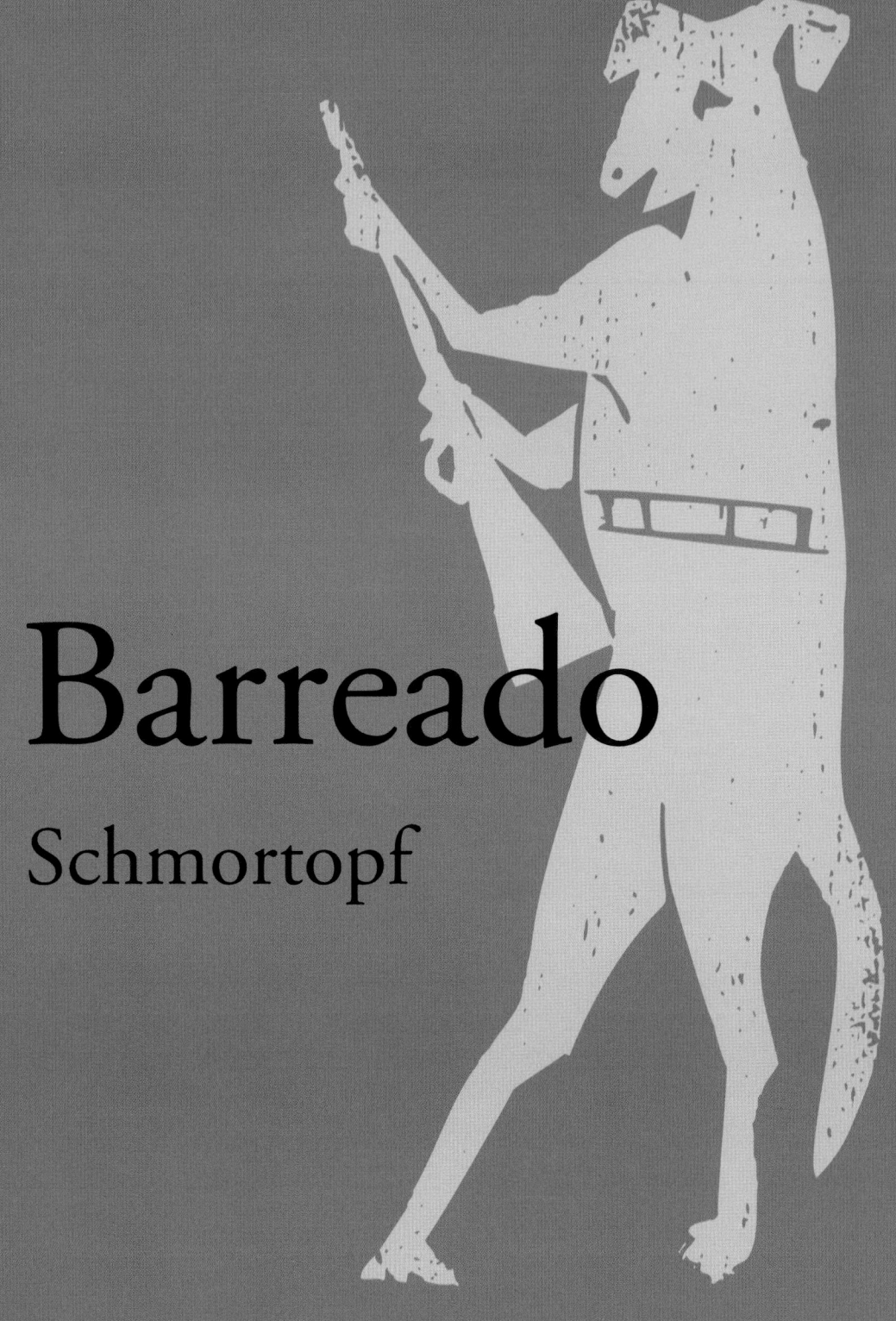

Barreado

Schmortopf

Carne-seca com quibebe

Trockenfleisch mit Kürbis

1 1/2 kg (mageres) Trockenfleisch, grobgeschnitten
1 EL Knoblauch, zerdrückt
250 ml Öl
Lorbeerblätter
2 Tomaten, gehäutet, entkernt und kleingeschnitten
3 Zwiebeln, in Ringe geschnitten
2 EL Schnittlauch, gehackt
Salz, schwarzer Pfeffer

Für das Quibebe (Kürbisgemüse):
1 TL Knoblauch, zerdrückt
2 Zwiebeln, gehackt
250 ml Öl
2 kg reifes Kürbisfleisch, in Stücke geschnitten
Salz, schwarzer Pfeffer
Petersilie, gehackt
Schnittlauch, gehackt

Trockenfleisch kurz in Wasser aufkochen, Wasser wechseln und über Nacht einweichen. Fleisch am nächsten Tag gut waschen und anschließend weich kochen. Das Fleisch aus dem Topf nehmen und abtropfen lassen. Knoblauch in Öl goldgelb dünsten. Trockenfleisch, Lorbeer und Tomaten zugeben und einige Minuten mitdünsten. Zwiebeln und Schnittlauch zufügen. Einige weitere Minuten leicht anbraten, bis die Zwiebeln glasig sind, dabei von Zeit zu Zeit umrühren. Mit Salz und Pfeffer abschmecken.
Zubereitung des Quibebe: Knoblauch und Zwiebeln in einem Topf in Öl andünsten, anschließend Kürbisstücke zugeben, mit Salz und Pfeffer würzen. Bei schwacher Hitze zugedeckt kochen lassen, dabei nach und nach geringe Mengen heißes Wasser darüber träufeln. Der Kürbis sollte weich werden, aber nicht verkochen.
Das Quibebe mit Petersilie und Schnittlauch bestreuen und gemeinsam mit dem Trockenfleisch servieren.

Für 8 Personen

Chambari

Pikante Kalbshaxe

1 Tasse grüner Paprika, gewürfelt
6 reife Tomaten, kleingeschnitten
1 große Zwiebel, gehackt
500 ml Olivenöl
2 kg Kalbshaxe, in Scheiben geschnitten
Salz
Chilisoße
Weizenmehl

Für den Pirão (siehe S. 42):
anfallende Bratflüssigkeit
500 g Tapioka (Maniokmehl)

Paprika, Tomaten und Zwiebeln in einem Topf in der Hälfte des Olivenöls weich dünsten. Zur Seite stellen. Kalbshaxenscheiben mit Salz und Chilisoße würzen, in Mehl wenden und im restlichen Olivenöl von beiden Seiten goldbraun fritieren.
Kalbshaxenscheiben zum gedünsteten Gemüse geben, mit Wasser bedecken und bei schwacher Hitze ca. 1 Stunde kochen, bis das Fleisch gar ist.
Zubereitung des Pirão: Nahezu die gesamte Bratflüssigkeit in einen zweiten Topf abgießen. Nach und nach Tapioka zugeben und unter ständigem Rühren zu einem weichen Brei kochen. Gemeinsam mit den Kalbshaxenscheiben servieren.

Für 6 Personen

Cozido à brasileira
Brasilianischer Eintopf

1 kg Rinderkeule, in Stücke geschnitten
2 Knoblauchzehen, zerdrückt
Salz, schwarzer Pfeffer
500 g geräucherter Schweinerücken
4 Schweinsbratwürste, in Scheiben geschnitten
500 g Lingüiça (siehe S. 34) oder Cabanossi
1 Lorbeerblatt
1 rote Peperoni, kleingeschnitten
1 gemischtes Kräutersträußchen
Kreuzkümmel
250 g Speck, gewürfelt
3 Maniokwurzeln, in Stücke geschnitten
5 Süßkartoffeln, in Stücke geschnitten
5 Kochbananen
1 Stück reifes Kürbisfleisch, grob gewürfelt
1 kleiner Kohlkopf, geviertelt
5 Karotten, in Scheiben geschnitten
2 Steckrüben, in Stücke geschnitten
1 kleiner Blumenkohl, in Röschen zerteilt
einige Blätter Wirsing
6 ganze Zwiebeln
5 Eier, hartgekocht
Olivenöl zum Beträufeln

Für den Pirão (siehe S. 42):
anfallende Kochflüssigkeit
Tapioka (Maniokmehl)
Salz, schwarzer Pfeffer

Rindfleisch mit Knoblauch, Salz und Pfeffer einreiben und über Nacht stehen lassen.

Rindfleisch, Schweinerücken, Schweinsbratwürste und Lingüiça in einem großen Topf mit viel Wasser zum Kochen bringen. Mit Salz würzen, Lorbeerblatt, Peperoni und Kräutersträußchen zugeben. Kreuzkümmel und Speck zufügen. Bei reduzierter Hitze ca. 1 Stunde zugedeckt köcheln lassen, bis das Fleisch weich ist.

Maniokwurzeln, Süßkartoffeln und ungeschälte Kochbananen in einem separaten Topf weich kochen. Gekochten Maniok und Süßkartoffeln zusammen mit Kürbis, Kohl, Karotten, Steckrüben, Blumenkohl und Wirsing in den Fleischtopf geben. Bei schwacher Hitze zugedeckt kochen lassen, nach 10 Minuten Kochzeit Zwiebeln zufügen.

Einen weiteren Topf warm stellen und nach und nach das Gemüse, sobald es gar ist, hineingeben.

Zubereitung des Pirão: Etwas angefallene Kochflüssigkeit abschöpfen, durch ein Sieb gießen und kurz abkühlen lassen. Anschließend wieder erhitzen und dabei nach und nach die Tapioka zugeben. Mit Salz und Pfeffer abschmecken. Unter ständigem Rühren andicken lassen.

Vor dem Servieren auf jeden Teller ein wenig Fleisch mit Brühe, ein wenig Gemüse, ein halbes gekochtes Ei und die geschälten Bananen geben. Fleisch und Gemüse mit Olivenöl beträufeln, Pirão dazu reichen.

Für 10 bis 15 Personen.

Cupim gaúcho

Rinderbraten Gaucho-Art

1 Stück Cupim*
2 Lorbeerblätter
Salz
3 EL Olivenöl
Saft von 2 Zitronen
schwarzer Pfeffer
1 rote Peperoni, gehackt und zerdrückt
3 EL Maggi
250 ml Rotwein
1 Bund Rosmarin
4 EL Öl
1 kg kleine Kartoffeln, geschält

Fleisch waschen und gemeinsam mit den Lorbeerblättern, Salz und Olivenöl in einen Dampfkochtopf geben und mit Wasser bedecken. 1 1/2 Stunden kochen. Cupim aus dem Dampfkochtopf nehmen.

Fleisch in Zitronensaft, Pfeffer, Peperoni, Maggi und Rotwein marinieren, den Rosmarin im Bund darüber legen. Das Fleisch mit einem Tuch bedecken und über Nacht ruhen lassen.

Fleisch am darauffolgenden Tag in einen Bräter legen und mit Öl beträufeln. Die Rotweinmarinade aufbewahren. Kartoffeln um das Fleisch verteilen und ca. 1 Stunde im vorgeheizten Backofen bei starker Hitze (220 °C) braten bis das Fleisch gar ist, eine Gabel sich leicht einstechen läßt und die Kartoffeln goldbraun sind. Von Zeit zu Zeit den Bund Rosmarin in die Rotweinmarinade tauchen und das Fleisch damit bestreichen.

Für 6 Personen

* Als »Cupim« wird der Fleischhöcker am Nacken des in Brasilien heimischen Zebu-Rindes bezeichnet. Das Fleisch gilt als Delikatesse.

2 Schweinefüße

500 g Schweineohren

1 kg Trockenfleisch

1 kg schwarze Bohnen

5 Schweinsbratwürste

500 g geräucherte Schweinerippen

500 g geräucherter Schweinerücken

4 Knoblauchzehen, zerdrückt

4 Zwiebeln, feingehackt

1 Lorbeerblatt

500 g Lingüiça (siehe S. 34) oder Cabanossi

Saft von 6 Orangen

Feijoada

Für die pikante Soße:
500 ml anfallende Flüssigkeit der Bohnen
1 Chilischote, gehackt
2 Zwiebeln, gerieben
1 Bund gemischte Kräuter, gehackt
Saft von 3 Zitronen

Für den Wirsing:
5 Wirsingköpfe
Olivenöl
6 Knoblauchzehen, zerdrückt

Brasilianischer Bohneneintopf

Schweinefüße und -ohren, Trockenfleisch und Bohnen über Nacht getrennt einweichen. Am folgenden Tag die Bohnen mit viel Wasser 1 Stunde in einem normalen Topf bzw. 20 Minuten im Dampfkochtopf kochen. Das Fleisch in große Stücke schneiden und das Fett entfernen. Das gesamte Fleisch in Wasser kochen, anschließend gut abtropfen lassen. Kochwasser weggießen. Bohnen gemeinsam mit Schweinsbratwürsten, Rippchen, Schweinerücken, Schweinefüßen, Trockenfleisch, Knoblauch, Zwiebeln und Lorbeerblatt in einen großen Topf geben. Zugedeckt kochen lassen, bis die Bohnen und das Fleisch weich sind. Lingüiça nach 40 Minuten Kochzeit zufügen. 5 Minuten vor Ende der Kochzeit den Orangensaft untermischen. Zubereitung der pikanten Soße: Alle Zutaten mischen und kalt servieren.
Zubereitung des Wirsings: Wirsing in feine Streifen schneiden, in ein Nudelsieb legen und mit kochendem Wasser überbrühen. Olivenöl in einem Topf erhitzen und Knoblauch darin andünsten. Wirsing zugeben und einige Minuten unter Rühren mitdünsten. Hitze reduzieren und zugedeckt 5 Minuten kochen, dabei von Zeit zu Zeit umrühren.

Für 8 bis 10 Personen

Frango ao catupiri

Huhn mit Catupiri-Käse

1 kg Hühnerfleisch, in Stücke geschnitten

Salz, schwarzer Pfeffer

Saft von 2 Zitronen

2 EL Öl

1 Knoblauchzehe, zerdrückt

1 Zwiebel, gehackt

2 Tomaten, gehäutet, entkernt und kleingeschnitten

500 ml Milch

1 Catupiri-Käse (siehe S. 48) oder Emmentaler

1 Bund Schnittlauch, feingehackt, zum Bestreuen

Hühnerfleisch waschen und mit Salz, Pfeffer und Zitronensaft würzen. Öl in einem Topf erhitzen und Knoblauch darin goldgelb dünsten. Fleisch zugeben und einige Minuten mitdünsten. Zwiebeln und Tomaten zufügen und ebenfalls kurz mitdünsten. Hitze reduzieren und 20 Minuten zugedeckt kochen lassen. Bei Bedarf Wasser zugießen. Sobald das Fleisch gar ist, den Topf vom Herd nehmen, das Fleisch von den Knochen lösen und in mittelgroße Stücke schneiden.

Milch zu dem im Topf verbliebenen Fond gießen und aufkochen. Käse in Stücke schneiden und unter ständigem Rühren nach und nach zufügen, bis eine cremige Soße entsteht. Hühnerfleisch wieder in den Topf geben. Zum Schluß Schnittlauch darüber streuen.

Für 4 Personen

Schweinebraten
mit Süßkartoffelpüree

Leitoa à pururuca
com purê de batata-doce

Schweineschmalz
1 große Zwiebel
6 Knoblauchzehen, zerdrückt
1 rote Peperoni, feingehackt
1 Lorbeerblatt
1 Bund gemischte Kräuter, feingehackt
1 Stück mageres Schweinefleisch ohne Knochen (ca. 3 kg)
Salz

Für das Püree:
1 kg Süßkartoffeln
Salz
3 EL Butter
Milch

Schweineschmalz in einem großen Topf erhitzen. Zwiebel, Knoblauch, Peperoni, Lorbeerblatt, Kräuter und Schweinefleisch darin andünsten. Mit Salz würzen. Fleisch von allen Seiten goldbraun braten. Etwas Wasser zugießen, und kochen, bis das Fleisch zart, aber nicht zu weich ist. Bei Bedarf kochendes Wasser nachgießen. Topf vom Herd nehmen und abkühlen lassen. Schweinefleisch in Stücke schneiden. Schweineschmalz in einer großen Pfanne erhitzen und das Fleisch darin braten, bis es knusprig ist. Zubereitung des Pürees: Süßkartoffeln schälen und in Salzwasser kochen. Kartoffeln mit einer Gabel zerdrücken oder pürieren. Butter gut unterrühren. Je nach gewünschter Konsistenz Milch zugießen. Den knusprigen Schweinebraten gemeinsam mit dem Püree servieren.

Für 6 Personen

1 ganzes Huhn, in Stücke geschnitten

2 Knoblauchzehen, zerdrückt

Salz

250 ml Olivenöl

1 Bund gemischte Kräuter, gehackt

Chilischoten, feingehackt

2 mittelgroße Zwiebeln, feingehackt

300 bis 400 g getrocknete Garnelen, gemahlen

1 EL Ingwer, gerieben

250 ml Dendê-Palmöl (siehe S. 18) oder Kokosfett

Huhn mit Knoblauch und Salz einreiben, 1 Stunde ziehen lassen. Olivenöl in einem Topf (vorzugsweise aus Ton oder Steingut) erhitzen und die Hühnerstücke darin goldbraun braten. Kräuter, Chilischoten, Zwiebeln, Garnelen und Ingwer zugeben und ebenfalls kurz anbraten. Hitze reduzieren, Dendê-Palmöl zufügen und 30 Minuten bei schwacher Hitze zugedeckt köcheln lassen. Bei Bedarf heißes Wasser zugießen. Mit Reis servieren.

Für 6 Personen

Xinxim de

Hühnerragout

galinha

Trockenfleisch-Kuskus

500 g Trockenfleisch, in Stücke geschnitten
2 Zwiebeln, gehackt
6 Knoblauchzehen, zerdrückt
125 ml Olivenöl
125 ml Öl
2 Tomaten, gehäutet und entkernt
1 Dose gemischtes Gemüse
Salz
Chilisoße
120 g Tapioka (Maniokmehl)
160 g Maisgrieß
1 Bund gemischte Kräuter, gehackt
3 gekochte Eier, kleingehackt
schwarze Oliven ohne Kern

Cuscuz de carne-seca

Trockenfleisch 24 Stunden einweichen, dabei mehrmals das Wasser wechseln. Am folgenden Tag 20 Minuten in Wasser kochen. Wasser abgießen, Fleisch in kleine Würfel schneiden und erneut in frisches kochendes Wasser geben. Fleisch gar kochen und zur Seite stellen.

Zwiebeln und Knoblauch in Olivenöl und Öl andünsten. Tomaten, Fleisch und Gemüse zugeben und mit Salz und Chilisoße würzen. Hitze reduzieren.

In der Zwischenzeit Tapioka und Maisgrieß mit den Kräutern in einer Schüssel mischen. Die Mischung unter ständigem Rühren zum Fleisch geben. Abschließend Eier und schwarze Oliven unterrühren.

Eine Ringform (ca. 24 cm Durchmesser) mit Öl einfetten. Das Kuskus hineingeben, ohne es anzudrücken. Um das Kuskus noch heiß aus der Form zu lösen, die Form mit einem feuchten Tuch von allen Seiten drücken und auf einen großen Teller stürzen.

Für 10 Personen

Mandioquinha-Rolle
Rocambole de mandioquinha

Für den Vorteig:
2 Würfel Frischhefe
250 ml warme Milch
1 EL Zucker
120 g Weizenmehl

Für den Teig:
500 g Mandioquinha (siehe S. 28) oder
Petersilienwurzeln, gekocht und zerdrückt
3 EL Schweineschmalz (Zimmertemperatur)
3 EL Öl
5 Eier, verquirlt
2 TL Salz
600 g Weizenmehl

Für die Füllung:
500 g gekochter Schinken, in Streifen geschnitten
500 g Mozzarella, in Streifen geschnitten
2 Eigelb, verquirlt
geriebener Parmesan zum Bestreuen

Zubereitung des Vorteigs: Hefe in Milch lösen. Zucker und Mehl unterrühren, 30 Minuten gehen lassen.

Zubereitung des Teigs: Vorteig, Mandioquinha, Schmalz, Öl, Eier und Salz in einer Schüssel verrühren. Mehl zugeben. Den Teig 5 Minuten auf einer mit Mehl bestäubten Fläche durchkneten, danach weitere 30 Minuten in einer zugedeckten Schüssel gehen lassen. Teig halbieren. Eine Teighälfte auf einer bemehlten Fläche ausrollen, die Hälfte von Schinken und Mozzarella darauf verteilen und zu einer Teigrolle zusammenrollen. Vorgang mit der anderen Hälfte des Teigs und der Zutaten wiederholen. 30 Minuten ruhen lassen. Teigrollen auf zwei gefettete und bemehlte Backbleche setzen, mit Eigelb bestreichen und mit Parmesan bestreuen. Im vorgeheizten Ofen bei mittlerer Hitze (180 °C) goldgelb backen.

Für 12 Personen

Suflê de abóbora

Kürbissoufflé

1 kg Kürbis, in Stücke geschnitten
Salz
1 EL Sahne oder Milch
3 EL geriebener Parmesan
3 Eier, getrennt
geriebener Parmesan zum Bestreuen

Kürbis über Wasserdampf garen. Durch ein feines Sieb streichen oder mit der Gabel zerdrücken. Eventuell angefallenes Wasser abgießen. Mit Salz abschmecken. Sahne, Parmesan und Eigelb zufügen. Eiweiß steif schlagen und vorsichtig unterheben. In eine hohe, feuerfeste Auflaufform (ca. 22 cm Durchmesser) füllen. Abschließend geriebenen Parmesan darüber streuen. Im vorgeheizten Backofen bei starker Hitze (220 °C) backen, bis das Soufflé fest und goldgelb ist. Heiß servieren.

Für 6 Personen

Suflê de palmito

Palmherzsoufflé

2 Zwiebeln, gehackt
3 Knoblauchzehen, zerdrückt
2 EL Margarine
2 Tomaten, gehäutet und kleingeschnitten
800 g Palmherzen, in Ringe geschnitten
Salz, schwarzer Pfeffer
60 g Weizenmehl
500 ml Milch
4 Eier, getrennt
100 g geriebener Parmesan
Semmelbrösel zum Bestäuben

Zwiebeln und Knoblauch in einem Eßlöffel Margarine andünsten. Tomaten und Palmherzen zufügen. Mit Salz und Pfeffer würzen. Einige Minuten dünsten. Zur Seite stellen. Restliche Margarine in einem Topf erhitzen. Weizenmehl unterrühren. Unter ständigem Rühren Milch zugießen, bis sie zu einer weißlichen Soße andickt. Vom Herd nehmen und das durch ein Sieb gestrichene Eigelb, die gedünsteten Palmherzen und den Parmesan unterrühren. Eiweiß steif schlagen und vorsichtig unterheben. Eine feuerfeste, hohe Form (ca. 22 cm Durchmesser) einfetten und mit Semmelbrösel bestäuben. Das Soufflé einfüllen. Im vorgeheizten Backofen bei mittlerer Hitze (180 °C) backen, bis das Soufflé fest und goldgelb ist. Heiß servieren.

Für 6 Personen

Suflê de chuchu

Chayotensoufflé

500 ml Milch
2 gehäufte EL Weizenmehl
4 Eier, getrennt
3 EL Butter oder Margarine
Salz, schwarzer Pfeffer
1 große Zwiebel, gehackt
2 Knoblauchzehen, zerdrückt
200 g gekochter Schinken, kleingeschnitten
1 kg Chayoten, gekocht und kleingeschnitten
12 EL gemischte Kräuter, gehackt
50 g geriebener Parmesan
Semmelbrösel zum Bestäuben

Milch, Weizenmehl, Eigelb und 2 Eßlöffel Margarine in einem Topf verrühren, mit Salz und Pfeffer abschmecken. Zutaten unter ständigem Rühren erhitzen, bis die Flüssigkeit andickt. Zwiebeln und Knoblauch in der übrigen Margarine andünsten und das Milch-Ei-Gemisch zufügen. Schinken, Chayoten, Kräuter und Parmesan zugeben. Eiweiß zu Eischnee schlagen und unterheben. Eine kleine, quadratische oder rechteckige feuerfeste Form einfetten und mit Semmelbrösel bestäuben. Das Soufflé einfüllen. Im vorgeheizten Backofen bei mittlerer Hitze (180 °C) ca. 20 Minuten backen, bis das Soufflé goldgelb ist. Heiß servieren.

Für 8 Personen

Desserts und Süßspeisen

375 ml Wasser
575 g Zucker
200 ml Kokosmilch (siehe S. 32) oder
die Milch einer Kokosnuß
10 Eigelb
Orangenblütenwasser nach Belieben

Wasser und Zucker mischen und, ohne umzurühren, in einem Topf erhitzen, bis sich ein zähflüssiger Sirup bildet. Um die Konsistenz des Sirups zu prüfen, eine Menge entnehmen und in ein Schälchen mit kaltem Wasser geben. Der Sirup muß sich zwischen Daumen und Zeigefinger zu einer kleinen Kugel formen lassen, die sich jedoch wieder auflöst.
Kokosmilch zugießen und gut mischen. Vom Herd nehmen. Eigelb durch ein Sieb streichen. Ein wenig von dem heißen Sirup darüber geben und gut verrühren. Restlichen Sirup unter ständigem Rühren zufügen. Den Topf bei schwacher Hitze erneut auf den Herd stellen, das Orangenblütenwasser zugießen und zu einer cremigen Masse verrühren. Kokoscreme in eine Kompottschale geben. Kalt servieren.

Für 6 Personen

Baba-de-moça

Kokoscreme

6 gehäufte EL Speisestärke

500 ml Milch

100 ml Kondensmilch

400 ml Kokosmilch (siehe S. 32)

Zucker nach Belieben

Für die Soße:

700 g Zucker

750 ml Wasser

2 Nelken

1 Stück Zimtstange

500 ml Rotwein

300 g Trockenpflaumen

Speisestärke in Milch lösen, mit den übrigen Zutaten mischen. Durch ein Sieb streichen. In einem Topf unter ständigem Rühren erhitzen, bis sich eine dickflüssige Creme bildet. Creme in eine mit kaltem Wasser ausgespülte Ringform (ca. 22 cm Durchmesser) füllen. Abkühlen lassen und in den Kühlschrank stellen, bis sich der Pudding erhärtet. Zubereitung der Soße: Sämtliche Zutaten in einen Topf geben und kochen, bis die Pflaumen weich sind. Erkalten lassen. Den Kokospudding aus der Form stürzen und mit der Soße servieren.

Für 6 bis 8 Personen

Manjar-branco

Kokospudding

200 ml Kondensmilch
12 Eigelb, durch ein Sieb gestrichen
200 g Kokosraspel
400 ml Kokosmilch (siehe S. 32)

Für den Sirup:
1 l Wasser
700 g Zucker
1 Zimtstange
Queijo-de-minas (siehe S. 64), Mozzarella oder Zimt

Kondensmilch und Eigelb verrühren, zur Seite stellen. Kokosraspel in der Kokosmilch einweichen. Zubereitung des Zuckersirups: Wasser, Zucker und Zimtstange in einem Topf mischen und erhitzen, bis sich ein zähflüssiger Sirup bildet. Hitze reduzieren. Kokosraspel und Kondensmilch-Ei-Mischung zugeben. 3 Minuten lang verrühren, vom Herd nehmen und abkühlen lassen. In eine Kompottschale geben. Wahlweise mit Zimt bestäuben oder mit Queijo-de-minas servieren.

Für 5 bis 6 Personen

Ovos moles com coco

Ei mit Kokos

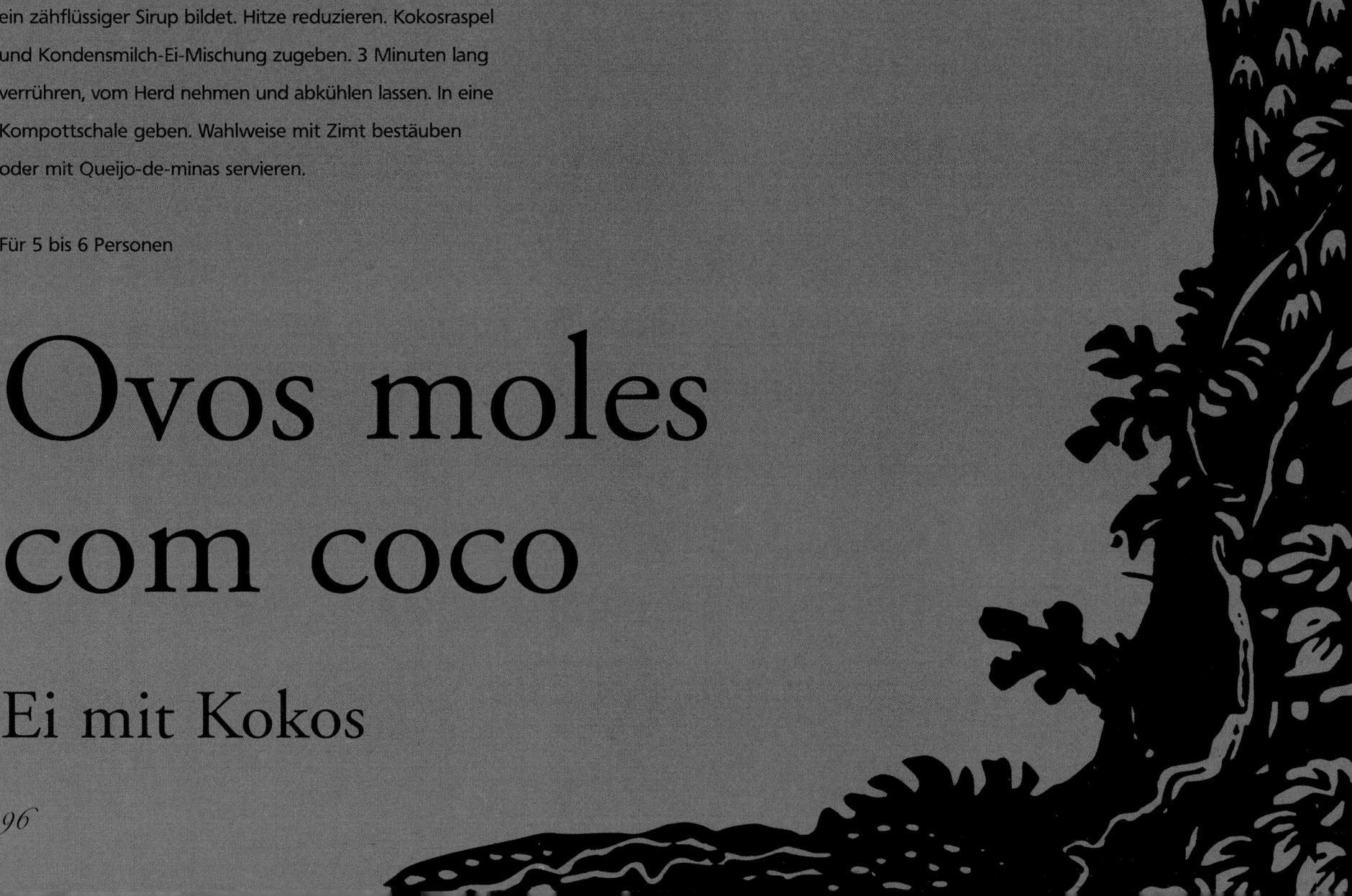

500 ml Wasser
500 g Zucker
1 kg Süßkartoffeln, gekocht und püriert
1 TL Vanilleessenz
4 EL Maraschino-Likör
Kirschen zum Garnieren

Süßkartoffelkompott

Wasser und Zucker verrühren und in einem Topf erhitzen, bis sich ein zähflüssiger Sirup bildet. Süßkartoffeln, Vanilleessenz und Maraschino-Likör zugeben und gut verrühren. Unter ständigem Rühren kochen, bis sich die Masse vom Topfboden löst.
In einer Schüssel erkalten lassen. In eine Kompottschale geben und mit Kirschen garnieren.

Für 8 Personen

Marrom glacê de

Für den Zuckersirup:
750 ml Wasser
350 g Zucker

7 Eigelb
1 Eiweiß, steif geschlagen
Butter zum Einfetten

Zubereitung des Sirups: Wasser und Zucker mischen und in einem Topf erhitzen, bis sich ein zähflüssiger Sirup bildet. Eigelb schaumig schlagen. Eischnee zugeben und gut mischen. Kleine Pastetenförmchen (ca. 7 cm Durchmesser) mit Butter einfetten und zur Hälfte mit der Eimasse füllen. Im vorgeheizten Backofen bei mittlerer Hitze (180 °C) ca. 10 Minuten backen. Die Eimasse ist fertig, wenn sich ein Zahnstocher einstechen läßt, ohne daß Teig klebenbleibt. Die Papos-de-anjo aus den Förmchen lösen und im Zuckersirup wenden. In eine Kompottschale legen.

Für 6 Personen

Papo-de-anjo

Engelskehlchen

Pudim de mamão
Papayapudding

1 reife Papaya
4 Eier, verquirlt
2 EL Weizenmehl
2 EL Butter (Zimmertemperatur)
120 g Zucker
Butter zum Einfetten

Papaya schälen und die Kerne entfernen. Fruchtfleisch in Stücke schneiden, in einem Topf mit Wasser bedecken und weich kochen. Mit einer Gabel zerdrücken. Schaumig geschlagene Eier, Mehl, Butter und Zucker zugeben. Eine Ringform (Durchmesser ca. 20 cm) mit Butter einfetten und mit der Puddingmasse füllen. Im vorgeheizten Backofen bei starker Hitze (220 °C) 20 bis 25 Minuten backen, bis sich der Pudding mit einer Gabel einstechen läßt, ohne daß etwas daran kleben bleibt. 5 Minuten abkühlen lassen. Mit einem Messer am Innenrand der Form entlangfahren und den Pudding aus der Form lösen.

Für 8 Personen

Bolo de mandioca
Maniokkuchen

1 kg Maniok
3 EL Margarine (Zimmertemperatur)
450 g Zucker
125 g Kokosraspel
200 ml Kokosmilch (siehe S. 32)
6 Eigelb
3 Eiweiß, steif geschlagen
1/2 EL Backpulver
1 Prise Salz
Butter zum Einfetten
Weizenmehl zum Bestäuben

Maniokwurzeln reiben und in einer Serviette ausdrücken (den abfließenden Saft nicht verwenden). Maniok in eine große Schüssel geben und mit sämtlichen Zutaten gut verrühren. Den Teig auf einem 40 x 26 cm großen, mit Butter eingefetteten und mit Mehl bestäubten Backblech verteilen. Im vorgeheizten Backofen bei mittlerer Hitze (180 °C) ca. 30 Minuten backen, bis sich der Kuchen mit einem Zahnstocher einstechen läßt, ohne daß Teig daran kleben bleibt. Erkalten lassen und in Stücke schneiden.

Für 12 Personen

7 Eigelb

7 EL Zucker

1 EL Butter (Zimmertemperatur)

1/2 frische Kokosnuß, gerieben

125 ml Milch

Butter zum Einfetten

Zucker zum Bestreuen

Eigelb und Zucker schaumig schlagen. Butter, Kokosraspel und Milch unterrühren. Kleine Förmchen (ca. 6 cm Durchmesser) oder eine große, feuerfeste Ringform (ca. 20 cm Durchmesser) mit Butter einfetten, mit Zucker bestreuen und mit der Masse füllen. Im vorgeheizten Backofen bei starker Hitze (220 °C) 40 Minuten im Wasserbad backen. Mit einem Messer am Innenrand der Form entlangfahren. Nach dem Erkalten stürzen.

Für 6 Personen

Quindim

Kokos-Ei-Pudding

Torta de castanha-do-pará

Paranußtorte

250 g Butter
450 g Zucker
4 Eigelb
250 ml Milch
250 g Weizenmehl
1 EL Backpulver
Butter zum Einfetten

Für die Füllung:
4 Eiweiß
230 g Zucker
250 g Paranüsse
250 ml Sahne

Butter schaumig schlagen, mit Zucker, Eigelb, Milch und Mehl mischen. Backpulver unterrühren. Eine rechteckige Kastenform (41 x 28 cm) mit eingefettetem Backpapier auslegen und mit dem Teig füllen.

Zubereitung der Füllung: Eiweiß sehr steif schlagen. Zucker zugeben und gut untermischen. Baisermasse auf dem Teig verstreichen. Die Hälfte der Paranüsse in dünne Scheiben schneiden. Über dem Eischnee verteilen. Im vorgeheizten Ofen bei mittlerer Hitze (180 °C) ca. 30 Minuten backen, bis der Eischnee goldgelb ist. Aus dem Backofen nehmen und über Nacht in der Form belassen.

Am nächsten Tag den Kuchen aus der Form lösen und das Backpapier entfernen. Kuchen einmal quer durchschneiden und mit Schlagsahne füllen. Abschließend die Torte mit der übrigen Sahne bedecken. Mit den restlichen Paranüssen garnieren.

Für 20 Personen

Bem-casado
Vanillekekse

6 Eier, getrennt
6 gehäufte EL Zucker
250 g Kartoffelstärke
1 TL Backpulver
Butter zum Einfetten
Weizenmehl zum Bestäuben

Für die Füllung:
1 l Milch
230 g Zucker
6 Eigelb, verquirlt
2 EL Speisestärke
1 TL Vanilleessenz
Zucker

Eiweiß zu Schnee schlagen. Eigelb unterziehen. Zucker zufügen und ebenfalls unterziehen. Kartoffelstärke und Backpulver zugeben und gut mischen.
Ein Backblech mit Butter einfetten und mit Mehl bestäuben. Mit einem Teelöffel kleine Mengen vom Teig abstechen und auf das Backblech setzen, dabei Raum zwischen den Keksen lassen. Im vorgeheizten Backofen bei mittlerer Hitze (180 °C) backen, bis die Unterseite goldgelb ist. Kekse sofort vom Backblech nehmen und abkühlen lassen.
Zubereitung der Füllung: Milch mit Zucker kochen, bis sie auf die Hälfte reduziert ist. Eigelb zugeben und verrühren. Die Füllung durch ein Sieb streichen. Speisestärke zufügen und erneut erhitzen, bis die Masse andickt. Vanilleessenz unterrühren, Topf vom Herd nehmen und erkalten lassen. Die Kekse mit der Creme füllen und in Zucker wenden.

Ergibt: 150 Stück

Bom-bocado
Parmesangebäck

500 g Zucker
250 ml Wasser
2 EL Butter
3 EL geriebener Parmesan
6 Eier, verquirlt
3 gehäufte EL Weizenmehl, gesiebt
Butter zum Einfetten

Zucker mit Wasser mischen und in einem Topf erhitzen, bis sich ein zähflüssiger Sirup bildet. Abkühlen lassen. Butter, Parmesan, Eier und Mehl mit einem Holzkochlöffel unter den Sirup rühren. Den Teig in kleine, mit Butter eingefettete Pastetenförmchen (ca. 7 cm Durchmesser) füllen. Im vorgeheizten Ofen bei starker Hitze (220 °C) goldgelb backen. Aus dem Backofen nehmen, mit einem Messer an der Innenseite der Förmchen entlangfahren und die Küchlein noch heiß aus den Förmchen lösen.

Ergibt: 20 Stück

Mãe-benta de queijo

Käseküchlein

250 g Butter (Zimmertemperatur)

250 g Zucker

6 Eigelb

2 Eiweiß, steif geschlagen

1 TL geriebene Zitronenschale

350 g Reismehl

50 g geriebener Parmesan

Butter, Zucker und Eigelb schaumig schlagen. Eischnee, Zitronenschale, Reismehl und Parmesan gut unterrühren. Die Masse in kleine Papierförmchen füllen, welche wiederum in Pastetenförmchen (ca. 7 cm Durchmesser) gestellt werden. Im vorgeheizten Backofen bei mittlerer Hitze (180 °C) goldgelb backen.

Ergibt: 25 Stück

Beijinho de coco

Kokosküßchen

450 g Zucker

250 ml Milch

1 EL Butter

400 g frisches Kokosnußfleisch, gerieben

2 Eigelb, verquirlt

250 ml Orangensaft

1/2 EL geriebene Orangenschale

1 TL geriebene Zitronenschale

1 TL Vanilleessenz

Kristallzucker

Nelken zum Garnieren

Zucker, Milch und Butter in einem Topf mischen und unter ständigem Rühren ca. 15 Minuten kochen. Vom Herd nehmen. Kokos, Eigelb, Orangensaft, Orangen- und Zitronenschale untermischen und unter ständigem Rühren erneut erhitzen. Vom Herd nehmen, sobald sich die Masse vom Topfboden löst. Vanilleessenz zufügen. Erkalten lassen. Kleine Bällchen aus der Masse formen; dabei die Hände mit Wasser anfeuchten, damit die Masse nicht kleben bleibt. Die Bällchen in Kristallzucker wälzen und abschließend mit einer Nelke garnieren.

Ergibt: 60 Stück

Pé-de-moleque

Erdnußschnitten

250 ml Karo-Kaffee
450 g Zucker
450 g Erdnüsse, ungeröstet
4 EL Wasser
2 TL Natron
Butter zum Einfetten

Alle Zutaten bis auf das Natron in einem Topf mischen und erhitzen, bis die Erdnüsse zu knistern beginnen. Hitze reduzieren und weitere 3 Minuten kochen. Natron zugeben und gut verrühren, danach vom Herd nehmen und die Masse 30 Sekunden lang kräftig mit einem Holzkochlöffel verrühren.
Die Masse auf einer mit Butter eingefetteten Marmorfläche verteilen und mit einem Metallspatel oder Messer glattstreichen. 5 Minuten abkühlen lassen. Mit einem Messer ein rautenförmiges Muster einritzen.
Sobald die Masse nur noch lauwarm ist, die Erdnußschnitten mit Hilfe eines kleinen Hammers an den eingeritzten Linien zerteilen.

Ergibt: 30 Stück

1 kg grüne Feigen
1/2 EL Natron
750 ml Wasser
1 kg Kristallzucker
1 Zimtstange
1 Nelke

Feigenkompott

Feigen waschen, in einem Topf mit Wasser bedecken und zum Kochen bringen. Natron zugeben und weitere 8 Minuten kochen. Topf vom Herd nehmen und zugedeckt über Nacht ruhen lassen.

Am nächsten Tag die Feigen vorsichtig mit einem Messer abschaben. Jede Feige mit einem kleinen, kreuzförmigen Schnitt versehen und unter fließendem Wasser mit einem Zahnstocher kleine Löcher hineinstechen, damit der Saft abläuft. Feigen zwei Tage in einer Schale mit frischem Wasser stehen lassen, dabei mehrfach das Wasser wechseln. Wasser und Kristallzucker erhitzen, bis sich ein dünner Sirup bildet. Feigen abspülen und in den Sirup legen. Bei schwacher Hitze 30 Minuten kochen, danach vom Herd nehmen und bis zum folgenden Tag zugedeckt stehen lassen.

Am nächsten Tag erneut erhitzen, Zimtstange und Nelke zugeben und bei schwacher Hitze köcheln lassen, bis die Feigen weich und glasig sind und der Sirup zähflüssig wird. Vom Herd nehmen und erkalten lassen.

Für 8 Personen

Compota de figo verde

30 große, reife Karambolen (Sternfrüchte)
1 kg Kristallzucker

Karambolen waschen und abtrocknen. Die faserigen »Nähte« entfernen, beide Enden abschneiden und mit einem scharfen Messer das Fruchtinnere mit den Kernen entfernen. Karambolen und Kristallzucker abwechselnd in einem großen Topf übereinanderschichten und ohne Rühren bei schwacher Hitze erhitzen, bis die Karambolen weich sind. Topf vom Herd nehmen. Eine Kelle der entstandenen Flüssigkeit entnehmen und in einem zweiten Topf kochen, bis sich eine goldgelbe Karamelsoße bildet. Die Soße über die Karambolen geben. Abkühlen lassen.

Für 15 Personen

Doce de carambola

Glasierte Karambolen

Doce de leite da vovó
Milchschnitten

1 l Milch
1 kg Zucker

Milch und Zucker in einem großen Topf verrühren. Unter ständigem Rühren kochen, bis sich eine zähflüssige Masse bildet. Um die Konsistenz zu prüfen, etwas von der Masse entnehmen und in eine Schüssel mit kaltem Wasser geben. Die Masse sollte sich zwischen Daumen und Zeigefinger zu einer weichen Kugel formen lassen, die sich wieder auflöst. Topf vom Herd nehmen und die Masse kräftig mit einem Holzkochlöffel rühren, bis sie aufhört zu glänzen. Masse auf eine Marmorfläche gießen und sofort mit einem Messer oder Metallspatel glattstreichen. In lauwarmem Zustand in Rauten schneiden.

Für 8 Personen

Doce de abóbora com coco
Kürbis-Kokos-Kompott

1 kg reifer Kürbis ohne Schale
1 kg Zucker
1 große Kokosnuß, gerieben
3 Nelken

Kürbis in Wasser weich kochen. Wasser abgießen und das Kürbisfleisch mit einer Gabel zerdrücken. Zucker, Kokosraspel und Nelken zugeben. Unter ständigem Rühren mit einem Holzkochlöffel erhitzen, bis sich das Kompott vom Topfboden löst. Abkühlen lassen.

Für 8 Personen

12 Bitterorangen (Pomeranzen) oder Grapefruit

4 Orangen

4 Zitronen

3 l Wasser

1 kg Zucker

Nelken

2 Zimtstangen

Zitrusfrüchte schälen, Kerne entfernen und in dünne Scheiben schneiden. Zusammen mit Wasser, Zucker, Nelken und Zimt aufkochen. Ohne Deckel ca. 1 Stunde köcheln lassen, bis die Orangen weich sind. Von Zeit zu Zeit umrühren. Vom Herd nehmen und abkühlen lassen.

Für 12 Personen

Doce de

Orangenkompott

laranja

2 bis 3 sehr grüne Papayas
Kristallzucker
4 Nelken

Doce de

Papayas mit einem scharfen Messer mehrfach in Längsrichtung einritzen, damit der Saft abläuft. 2 Stunden ruhen lassen. Papayas gut waschen und abtrocknen, schälen und in gleichmäßige Stücke schneiden, dabei alle Kerne entfernen. Papayastücke erneut waschen und in einen Topf geben, mit Wasser bedecken und aufkochen. Wasser abgießen. Papayastücke in eine Porzellanschüssel legen, mit warmem Wasser bedecken und 4 Stunden ruhen lassen. Wasser abgießen. Papaya abwiegen und die gleiche Menge Kristallzucker abmessen. Zucker in Wasser zu einem dünnflüssigen Sirup anrühren. Nelken und Papaya zugeben. Bei schwacher Hitze weich kochen. Vom Herd nehmen und bis zum nächsten Tag im eigenen Saft stehen lassen. Erneut erhitzen, bis die Papayastücke glasig werden und der Saft zähflüssig ist, dabei nicht umrühren. Vom Herd nehmen und erkalten lassen.

Für 8 Personen

mamão

Papayakompott

Pães e biscoitos

Brote und Gebäck

Pãozinho de milho
Maisbrötchen

2 Würfel Frischhefe

125 ml warme Milch

160 g Maisgrieß

500 ml Wasser

1 Prise Salz

125 ml Öl

1 Ei, schaumig geschlagen

500 g Weizenmehl

Butter zum Einfetten

Weizenmehl zum Bestäuben

Die Hefe in Milch lösen. Maisgrieß mit Wasser und Salz aufkochen, dabei ständig rühren, um Klumpen zu vermeiden. Bei schwacher Hitze unter ständigem Rühren köcheln lassen, bis sich der Brei vom Topfboden löst. Vom Herd nehmen und abkühlen lassen. Öl, Ei und Hefe zugeben und gut verrühren. Abschließend das Mehl unterrühren. Teig auf einer mit Mehl bestäubten Arbeitsfläche 10 Minuten kneten. Zugedeckt 1 Stunde gehen lassen.
Teig zu kleinen Brötchen rollen. Brötchen auf ein mit Butter eingefettetes und mit Mehl bestäubtes Backblech legen und erneut zugedeckt 1 Stunde gehen lassen. Im vorgeheizten Backofen bei starker Hitze (220 °C) ca. 45 Minuten backen, bis die Unterseite der Brötchen goldgelb ist.

Ergibt: 40 Brötchen

Broa de fubá
Maisbrot

750 ml Milch

750 ml Wasser

6 EL Zucker

3 EL Margarine

500 g Maisgrieß

1 Prise Salz

6 Eier, schaumig geschlagen

Butter zum Einfetten

Weizenmehl zum Bestäuben

Milch, Wasser, Zucker, Margarine, Maisgrieß und Salz in einen Topf geben und unter ständigem Rühren aufkochen. Sobald die Zutaten kochen, unter kräftigem Rühren weiterkochen, bis sich der Brei vom Topfboden löst. Abkühlen lassen. Die verquirlten Eier unterrühren. Kleine runde Brote mit etwa 6 cm Durchmesser formen und auf ein mit Butter eingefettetes und mit Mehl bestäubtes Backblech legen. Im vorgeheizten Backofen bei starker Hitze (220 °C) ca. 15 Minuten backen, bis die Unterseite der Brote goldgelb ist.

Ergibt: 30 Brote

125 g Butter (Zimmertemperatur)

230 g Zucker

2 Eier

250 g Weizenmehl, gesiebt

3 TL Backpulver

1 TL Salz

1 EL Zitronensaft

150 g Paranüsse, gehackt

250 g Zwergbananen, zerdrückt

Margarine zum Einfetten

Weizenmehl zum Bestäuben

Butter mit Zucker glattrühren. Eier unterziehen. Mehl, Backpulver, Salz und Zitronensaft zugeben, kurz mischen. Paranüsse und Bananen unterrühren.

Teig in eine mit Margarine eingefettete und mit Mehl bestäubte Kastenform (14 x 25 x 7 cm) füllen. Im vorgeheizten Backofen bei mittlerer Hitze (180 °C) ca. 40 Minuten backen, bis das Brot goldgelb ist.

Für 10 Personen

Pão de banana

Bananenbrot

Pãozinho de cará

Yamsbrötchen

1 Würfel Frischhefe
250 ml warme Milch
120 g Zucker
2 Eier
1 EL Butter (Zimmertemperatur)
1 EL Schmalz (Zimmertemperatur)
1 gestrichener EL Salz
1 mittelgroße Yamswurzel, geschält, grobgerieben
700 g Weizenmehl
Butter zum Einfetten
Weizenmehl zum Bestäuben

Hefe in Milch lösen. Zucker, Eier, Butter, Schmalz, Salz und Yams zugeben, gut mischen. Nach und nach Mehl unterrühren, bis sich ein fester Teig bildet, der nicht an den Händen haftet. Teig kurz durchkneten und 60 Minuten gehen lassen.
Runde, ca. 5 cm große Brötchen formen. Brötchen auf ein eingefettetes und mit Mehl bestäubtes Backblech legen. Im vorgeheizten Ofen bei starker Hitze (220 °C) ca. 15 bis 20 Minuten backen, bis die Unterseite der Brötchen goldgelb ist.

Hinweis: Die erforderliche Menge Weizenmehl richtet sich nach der Größe der Yamswurzel.

Ergibt 35 Brötchen

Pão recheado com queijo

Brötchen mit Käsefüllung

350 g Weizenmehl
1 EL Backpulver
1 Prise Salz
2 EL geriebener Parmesan
100 g Butter (Zimmertemperatur)
Milch
Butter zum Einfetten
1 Ei, verquirlt, zum Bestreichen

Für die Füllung:
Frischer Queijo-de-minas (siehe S. 64) oder Mozzarella, kleingeschnitten

Mehl und Backpulver in eine Schüssel sieben und mischen. Salz, Parmesan und Butter zugeben und mit einer Gabel verrühren, dabei nach und nach Milch zugießen, bis sich ein fester Teig bildet, der nicht an den Händen haftet. Teig auf einer mit Mehl bestäubten Arbeitsfläche leicht durchkneten. Kleine Portionen vom Teig abnehmen und auf der Handfläche flach drücken (der Teig sollte dabei nicht allzu dick sein). Queijo-de-minas darauf legen, den Teig darum schließen und zu einer kleinen Kugel rollen. Die Brötchen auf ein mit Butter eingefettetes Backblech legen und mit Ei bestreichen. Im vorgeheizten Ofen bei starker Hitze (220 °C) ca. 15 bis 20 Minuten backen, bis die Unterseite der Brötchen goldgelb ist. Heiß servieren.

Ergibt 20 Brötchen

Biscoito de aveia
Haferkekse

120 g Haferflocken

230 g Zucker

120 g Weizenmehl

1 großes Ei (oder 2 kleine Eier)

1 EL Butter (Zimmertemperatur)

1 TL Backpulver

Butter zum Einfetten

Haferflocken, Zucker und Mehl in einer Schüssel mischen. Ei, Butter und Backpulver zugeben. Alle Zutaten zu einem Teig verarbeiten. Kleine Kugeln mit einem Durchmesser von 2 cm formen und auf ein eingefettetes Backblech legen, dabei genügend Abstand zwischen den einzelnen Kugeln belassen. Kugeln mit einer mit Mehl bestäubten Gabel flach drücken. Im vorgeheizten Ofen bei starker Hitze (220 °C) ca. 15 Minuten backen, bis die Unterseite der Kekse goldgelb ist. Kekse vom Blech nehmen und abkühlen lassen.

Ergibt: 60 Kekse

Sequilho de araruta
Pfeilwurzkekse

1 kg Pfeilwurzmehl (Agaragar)

1,4 kg Zucker

3 TL Backpulver

250 g Butter (Zimmertemperatur)

6 Eier, getrennt

200 g Weizenmehl

Butter zum Einfetten

Pfeilwurzmehl, Zucker und Backpulver mischen. Eine Mulde in die Mitte drücken und Butter und Eigelb hineingeben. Mit den Händen zu einem glatten Teig verarbeiten. Eiweiß zu Schnee schlagen und zum Teig geben. Mehl zufügen und erneut durchkneten. Kleine Kugeln (ca. 2 cm Durchmesser) aus dem Teig formen und auf ein mit Butter eingefettetes Backblech legen, dabei genügend Abstand zwischen den einzelnen Kugeln belassen. Kugeln mit der Hand flach drücken. Im vorgeheizten Backofen bei mittlerer Hitze (180 °C) ca. 20 Minuten backen, bis die Unterseite der Kekse goldgelb ist. Kekse vom Blech nehmen und abkühlen lassen.

Ergibt: 150 Kekse

Bolachinha de Santo Antônio
St.-Antons-Plätzchen

500 g Weizenmehl, gesiebt

230 g Zucker

250 g Butter (Zimmertemperatur)

125 ml Bier

Margarine zum Einfetten

1 Eiweiß zum Bestreichen

Kristallzucker zum Bestreuen

Mehl, Zucker, Butter und Bier zunächst mit einem Löffel verrühren, dann mit den Händen zu einem glatten Teig verarbeiten. Teig auf einer mit Mehl bestäubten Arbeitsfläche ausrollen und mit einem Glas oder einer Ausstechform runde Kekse mit einem Durchmesser von 5 cm ausstechen. Ein Backblech mit Butter einfetten und die Kekse darauf legen, dabei genügend Abstand zwischen den einzelnen Keksen belassen. Kekse mit Eiweiß bestreichen und mit Kristallzucker bestreuen. Im vorgeheizten Backofen bei mittlerer Hitze (180 °C) ca. 15 Minuten backen, bis die Unterseite goldgelb ist. Kekse vom Backblech nehmen und abkühlen lassen.

Ergibt: 80 Kekse

Biscoito de nata

Rahmkekse

500 ml Sahne

250 g Maniokstärke

350 g Weizenmehl

2 Eier

2 EL Zucker

1 Prise Salz

1 Prise Zimt

Butter zum Einfetten

Alle Zutaten zu einem glatten Teig verrühren. Teig zu kleinen, 3 cm langen Rollen formen. Rollen auf ein eingefettetes Backblech legen, dabei genügend Abstand zwischen den einzelnen Rollen belassen. Rollen mit einer mit Mehl bestäubten Gabel flach drücken. Im vorgeheizten Ofen bei starker Hitze (220 °C) ca. 15 Minuten backen bis die Kekse aufgehen und ihre Unterseite goldgelb ist. Kekse vom Blech nehmen und heiß servieren.

Ergibt: 80 Kekse

St.-Johanns-Kringel

350 g Weizenmehl

1 EL Backpulver

230 g Zucker

100 g Margarine (Zimmertemperatur)

2 Eier

1/2 TL geriebene Muskatnuß

3 EL Milch

Öl zum Fritieren

Zucker und Zimt zum Bestreuen

Mehl und Backpulver in eine Schüssel sieben und mit dem Zucker mischen. Eine Mulde in die Mitte drücken und Margarine, Eier und Muskatnuß hineingeben. Nach und nach Milch zugießen und mit einer Gabel verrühren. Auf einer mit Mehl bestäubten Arbeitsfläche zu einem glatten Teig verarbeiten und diesen 1 cm dick ausrollen. Mit einem Glas oder einer Ausstechform runde Kekse mit einem Durchmesser von 6 cm ausstechen. In der Mitte ein Loch mit einem Durchmesser von 2 cm ausstechen. Kringel in nicht allzu heißem Öl goldgelb fritieren und auf Küchenpapier abtropfen lassen. Nach Belieben mit Zucker und Zimt bestreuen.

Ergibt: 35 Stück

Rosquillas de

São João